De tanto amarte, me olvidé de mí

WALTER RISO

De tanto amarte, me olvidé de mí

Cómo saber si tu pareja es la adecuada

 Planeta

© Walter Riso
c/o Schavelzon Graham Agencia Literaria
www.schavelzongraham.com

Diseño de portada: Planeta Arte & Diseño
Fotografía de portada: Grupo Pictograma / iStock
Fotografía del autor: ©Antonio Navarro Wijmark

Derechos reservados

© 2023, Editorial Planeta Mexicana, S.A. de C.V.
Bajo el sello editorial PLANETA M.R.
Avenida Presidente Masarik núm. 111,
Piso 2, Polanco V Sección, Miguel Hidalgo
C.P. 11560, Ciudad de México
www.planetadelibros.com.mx

Primera edición en formato epub: abril de 2023
ISBN: 978-607-07-9984-6

Primera edición impresa en México: abril de 2023
ISBN: 978-607-07-9955-6

Impreso en los talleres de Litográfica Ingramex, S.A. de C.V.
Centeno núm. 162-1, colonia Granjas Esmeralda, Ciudad de México
Impreso y hecho en México − *Printed and made in Mexico*

ÍNDICE

INTRODUCCIÓN

Carmen es una joven inteligente y sensible que cursa cuarto año de Antropología. Ella es introvertida, algo insegura y con una autoestima muy baja, sobre todo por su aspecto físico y sus habilidades sociales: «Es difícil que yo le guste a alguien siendo tan flaca, sin curvas, con esta cara pálida y larga. Realmente soy desproporcionada y enclenque», me dijo en una ocasión. Luego agregó que si alguien se acercara a ella, se defraudaría porque «descubriría» que no tiene nada de encantadora, es mala conversadora y muy poco culta: «No soy interesante», sentenció.

Su novio, Carlos, es seis años mayor y trabaja en una tienda de comestibles. Es un muchacho muy bien parecido, que mostró a lo largo de su vida problemas de conducta en distintos órdenes. Están juntos desde hace tres años en una relación en la que el hombre, literalmente, la aplasta psicológicamente cada vez que puede. La trata de incapaz, de anoréxica sexual, critica su cabello, la manera «masculina» de vestirse, sus ideas; en fin, la menosprecia a más no poder. Ante estos ataques, Carmen guarda silencio y se inmoviliza. Tanto es el temor que siente que en más de una ocasión ella me dio a entender que merece los castigos que le propina su pareja.

Carmen es especialmente amorosa con él: está atenta a

sus necesidades y accede a sus exigencias sin oponerse nunca. Cuando él se ofusca y la trata mal, ella es la que pide perdón para tranquilizarlo, aunque sabe que no es culpa suya. Una vez hablé con Carlos y fue claro al decirme que no la quería, que amar a alguien «con tan poco amor propio» era imposible. Cuando le pregunté qué sentía entonces por ella me dijo: «Entre lástima y asco... Es demasiado tonta». Carmen estaba al tanto de todo lo que él pensaba de ella y, aun así, permanecía a su lado, como si ese tuviera que ser inexorablemente su destino o su karma.

No paraba de decirme que lo amaba. En su mente se había producido lo que en psicología llamamos un *descentramiento cognitivo*: todo giraba alrededor del hombre que supuestamente había atrapado su corazón. En este juego perverso, cuanto más compañerismo, afecto, sexo o ternura le ofrecía ella, más débil la veía él y más le repelía, más le repugnaba. El sentido de minusvalía de Carmen se multiplicaba día a día y ya había empezado a tener síntomas depresivos.

¿Qué le pasaba a la mente de Carmen? La idea de que no era «querible» y de que en cualquier momento Carlos podía dejarla desarrolló en ella un esquema de subyugación. Ya no se amaba a sí misma. El vínculo afectivo estaba determinado básicamente por él, mientras ella solo desempeñaba un papel secundario, apenas existía en la relación. Finalmente, Carlos conoció a otra mujer y la dejó de la noche a la mañana. Carmen, poco a poco, va mejorando y revisando su manera de relacionarse con el sexo opuesto. El principio rector para una verdadera transformación fue el que sigue: «No puedo amarte de manera tranquila, digna, plena y saludable si no me amo». Y no son palabras huecas, es realismo puro y duro: «Quererme para quererte», no hay de otra.

Aunque este podría parecer un caso extremo, no lo es tanto ni es tan infrecuente como se podría pensar. No obstante, en muchas relaciones, sin que exista un déficit tan evidente de amor propio, nos acostumbramos a dar excesivamente y a recibir muy poco o nada de la persona que amamos, y lo normalizamos, como si fuera lo natural. Nos resignamos a una relación desequilibrada. Quizá por la creencia de que el verdadero amor no espera nada a cambio, como si la ecuación amorosa solo tuviera un miembro. Pues no es así. Un amor saludable fluye, va y viene, tú sientes y ves el afecto del otro, y viceversa.

¿Te pasó alguna vez que de tanto dar amor te olvidaste de tu persona, de tus sueños, tus ilusiones, tu vocación, tus valores y tus sentimientos más profundos, como si hubieras sufrido una metamorfosis? ¿Percibías que el amor te arrastraba mucho más hacia afuera que hacia dentro? Si fue así, entonces para ti era un hecho que tu pareja era más importante, que merecía más derechos, que su autorrealización era tu realización, que su alegría te conmovía profundamente y su felicidad era suficiente para justificar la tuya. Si te olvidas de quién eres, si dejas a un lado tu esencia, solo existirá tu media naranja, cada vez más agria, y todo se convertirá en un absurdo. Insisto, una ecuación emocional de pareja de una sola variable.

Juan, un joven estudiante de Bachillerato, me decía, entre sollozos y expresiones de ira, que en un año de noviazgo con una chica se había «perdido» a sí mismo: «Me entregué tanto a ella que lo mío es como si hubiera desaparecido. Mis amigos y mis padres me decían que no parecía el de antes y era cierto». Le respondí que quizá él no la había amado, sino idolatrado, y que el enamoramiento produce ese efecto casi siempre. El amor no funciona si uno venera a la pareja. La veneración implica rendir pleitesía, la identidad personal se diluye en el otro y el yo se debilita y se desconfigura. Amar no es existir menos, es crecer junto a alguien, es dejar que la persona amada entre en tus sueños y que tú entres en los suyos, pero deben ser dos. Si ves a tu pareja como una especie de divinidad, serás su discípulo o discípula, no podrás verla de igual a igual. Grábate esto para siempre y bien adentro: *tú vales tanto como la persona a la que amas.* En cierta ocasión una señora acudió a mi consulta porque no sabía qué hacer con un hijo adolescente que le hacía la vida imposible: le robaba, tenía comportamientos agresivos al extremo con ella, era drogodependiente, no iba a la escuela, era integrante de una pandilla xenófoba..., en fin, una catástrofe total para un padre o una madre. El argumento de la señora se centraba en su papel de madre y la incondicionalidad del amor.

En una ocasión le pregunté: «Su hijo, como ser humano, ¿es más importante que usted? ¿Tiene más derechos que usted? ¿La Declaración Universal de los Derechos Humanos, solo es válida para él?». Me respondió: «Pero ¡soy su madre!». Entonces le dije: «De acuerdo. Ayúdelo, apóyelo, quiéralo, pero no sea su cómplice, no se someta a sus bravuconadas. Su hijo no es un ser humano más importante que usted: usted es tan importante como él. Si el costo de amarlo es su destrucción, porque al muchacho no le da la gana o no es capaz de comportarse y respetarla, piense si se justifica someterse a sus agravios. El amor es incondicional si no afecta a sus principios». No volvió a la consulta.

Tu valía personal depende especialmente de ti y no de alguien que te avale, sea quien sea. No digo que no puedas amar hasta la coronilla, lo que sostengo es que *también debes amarte hasta la coronilla*. Quererse a uno mismo no significa que te conviertas necesariamente en un narcisista. Lo que caracteriza el narcisismo, como verás más adelante, es un enorme sentimiento de grandiosidad, aderezado con tres manifestaciones del ego: egocentrismo, egolatría y egoísmo. Quererse a uno mismo sanamente es autocuidado, autorrespeto y autogobierno, entre otros *autos*. Es tenerse en cuenta a uno mismo de manera constructiva, y ejercer y defender los derechos personales, por encima del amor y más allá de él. El buen amor no debilita, sino que fortalece y expande tu humanidad.

El proceso de olvidarse de uno mismo también puede ser sutil y lento, y ampararse en las «buenas costumbres». Hay parejas en que todo parece maravilloso, ya que una de las partes creó un *esquema de autosacrificio* con el beneplácito de su consorte, que se ve beneficiado del desequilibrio. El objetivo del esquema de autosacrificio, como dice el psicólogo cognitivo Jeffrey Young, es: «Satisfacer voluntariamente las necesidades de los demás a expensas de la propia satisfacción, con el fin de evitar el dolor ajeno, evitar la culpabilidad, lograr sentirse buenos o mantener un vínculo emocional».

«Así me educaron», me decía una mujer de cincuenta y cinco años. «El prójimo es más que uno. Y mi marido es un prójimo». Su relación era vista por todos como excelente. La convivencia era amable, serena, tenían tres hijos maravillosos, amigos que los querían... Pero por debajo algo indicaba que no todo era color de rosa. El esposo era un neurocirujano muy exitoso y adinerado. Ella vivía orgullosa de él, lo admiraba y disfrutaba de sus éxitos. Pero a la vez, no sentía orgullo de sí misma (ni él colaboraba en ello), no se admiraba como persona y sus éxitos personales pasaban desapercibidos para todos, incluso para ella misma. Algunos alababan su «maternidad ejemplar» y lo buena esposa que era. Obviamente, eso no estaba mal, pero ella era mucho más. Esta paradoja ocurre en infinidad de parejas: para que uno brille, el otro debe opacarse. Los hijos fueron a estudiar afuera del país y se quedaron solos, y fue entonces, en ese nido vacío, cuando mi paciente comenzó su transformación. Una frase suya me indicó que el cambio había comenzado: «Quiero reencontrarme a mí misma».

La esencia nunca se pierde, querido lector o lectora, no importa en qué parte de tu crecimiento te encuentres, la fortaleza interior solo necesita que le hagas una seña para que se active. Ella le pidió un tiempo, se fue a un pequeño departamento y se alejó feliz del enorme ático en el que vivía. El marido, supremamente desconcertado, trató de recuperarla, pero ya era tarde. Después de casi treinta años de casados, el hombre apenas se daba cuenta de que su mujer había dejado de ser quien era, y que por dar y dar se había olvidado de sí misma.

Este texto tiene cuatro partes, y cada una de ellas apunta a que revises tu idea del amor y cómo lo vives. La primera parte, «Algunas pruebas para saber si te aman de verdad o estás con la pareja inadecuada», te permitirá examinar en forma de preguntas, cuánto te aman o si el vínculo que ahora sostienes le viene bien a tu vida. Estos «ensayos virtuales» te harán reflexionar sobre tu relación y mirarla sin anestesia. La segunda parte: «Cuatro creencias que alimentan el apego afectivo y debilitan tu amor propio: identifícalas y combátelas», te llevará a identificar cuatro creencias básicas, profundamente negativas, que la cultura nos impone a través del aprendizaje social, que apuntan a crear un vínculo adictivo con la persona que amas. Utilizarlas consciente o inconscientemente te llevará a una conclusión inevitable: «No puedo vivir sin ti». Y si esto es así, harás cualquier cosa para mantenerte atada o atado a tu pareja en turno. Eliminarlas es como volver a nacer. En la tercera parte: «Personas de las cuales sería mejor no enamorarte», señalo cinco estilos afectivos en los que un amor pleno y saludable es prácticamente imposible. Explico qué los caracteriza y por qué razón serían contraproducentes para tu bienestar, aunque el amor te insista una y otra vez en seguir allí. Muchas veces no nos damos cuenta o tapamos el sol con el dedo, con tal de no encarar el hecho de que una pareja nos hace más daño que bien. El amor no lo puede todo, es más: no basta con amar para que una relación prospere. En la cuarta parte, «¿Qué hacen las parejas que funcionan bien?, hago referencia a determinados factores que, según la evidencia y mi experiencia clínica, son los que más fortalecen un buen vínculo afectivo. Estos diez elementos deberían estar presentes de una manera u otra para que el amor prospere y adquiera cada vez más fuerza.

Este libro te llevará por varios caminos para que trates de equilibrar tu relación o, de no ser posible, para que analices si quizá no estás en el lugar equivocado. El comienzo para generar un cambio adaptativo es tomar conciencia, meterte de lleno en lo real y ver las cosas como son, sin autoengaños, sin excusas y con valentía, así duela e incomode. Es posible que tu visión del amor se vea cuestionada y quizá deje de ser la misma. Aprenderás que amar sanamente requiere de un principio imprescindible: «*Necesito quererme para quererte*».

Lo importante es que en tu relación nadie sea más que nadie y que tus derechos sean equivalentes a los de tu pareja. En un buen vínculo afectivo debe haber dos centros, dos «egos», como decía Rilke, que se entrelacen con ternura, pero deben ser dos. Te invito a que revises tu estilo afectivo, para que no te pierdas y para que asumas, sin excusas de ningún tipo, que la primera lección del amor es la dignidad.

PARTE I

ALGUNAS PRUEBAS PARA SABER SI TE AMAN DE VERDAD O ESTÁS CON LA PAREJA INADECUADA

Si tu relación afectiva es buena, si el amor fluye de ida y vuelta y además eres cómplice de la persona que amas, no deberías sentir que te olvidaste de ti después de dar amor. El problema no siempre está en amar demasiado, sino en no cimentar una buena relación con suficiente ternura, amistad, deseo y amor propio. Cuando te olvidas de ti por amar al otro, tal como señalé, estás rompiendo la ecuación básica del amor de pareja: solo queda una variable en vez de dos.

Un punto determinante para establecer el equilibrio emocional en los vínculos afectivos es tener claro si estás con la persona adecuada para ti. Implica analizar hasta qué punto tu propuesta amorosa es compatible con la de tu pareja. A veces tenemos la certeza de que amamos y nos aman de verdad y en realidad somos víctimas de un gran autoengaño que nosotros mismos hemos venido construyendo desde tiempo atrás. Para transformar tu relación afectiva o hacerla a un lado de una vez por todas, necesitas una buena dosis de lucidez: ver lo que es, cuestionarte desde lo más profundo y nunca justificar lo injustificable. Entonces, el primer paso para reinventarte en el amor es tomar conciencia de con quién estás, si realmente amas como te gustaría amar y si te aman como quisieras que te amaran.

Veamos ocho pruebas en forma de preguntas que puedes hacerte para saber de manera realista y sin analgésicos cómo funciona el amor en tu caso y si estás con la pareja adecuada. Los datos que obtengas de este examen/reflexión no son determinantes, se trata más bien de indicadores. Como sea, es conveniente y útil tener en cuenta las respuestas que das. Trata de hacerlas todas. En la tercera parte, «Personas de las cuales sería mejor no enamorarte», podrás tener más elementos para profundizar y definir esos temas.

PRIMERA PRUEBA

Si pudieras viajar al pasado sabiendo cómo es hoy tu relación de pareja y cómo ha sido, ¿volverías a repetir lo vivido con él o con ella?

Difícil, ¿verdad? Es posible que encuentres todo un mapa de cosas buenas, malas y regulares. Escarba en tus principios y tus valores más sentidos y piensa si fueron vulnerados o por el contrario se reafirmaron. ¿Creciste junto al amor de tu vida o fuiste para atrás?

Ten en cuenta que, si bien la respuesta que des requiere un balance, este balance solo puede hacerse si no hay hechos que afecten a tus derechos como ser humano. De ser así, puedes poner lo bueno a un lado de la balanza y, en el otro, ese único elemento negativo, y te sorprenderás de que ese único elemento pueda más que todas las cosas buenas. ¿Al revés? No creo. Es muy poco probable que una sola cosa buena pese más que todas las malas.

Trata de que la más cruda honestidad te lleve a responder. Por ejemplo, no confundas el amor con la paciencia que implica hacerse cargo de alguien. Algunas personas, sobre todo mujeres codependientes, se hacen cargo de sus parejas como si fueran un hijo más y sufren a mares para «educarlas». La relación se convierte en una estructura emocional desequilibrada: uno da a manos llenas, mientras que el otro recibe y recibe para «mejorar» o salir adelante superando sus problemas. No confundas, pues, amar con «adoptar» a alguien. Lo que suele ocurrir con el tiempo, en este tipo de vínculos, es que el dador/cuidador se cansa de hacer de buen samaritano, de ser un *ayudador* crónico, porque la retribución no suele llegar, ni en la misma proporción ni de la misma manera. No te sientas culpable de tirar la toalla si este es tu caso. Sufrir por la pareja no es necesariamente una muestra de amor; por el contrario, puede ser la manifestación de un esquema de autosacrificio que tengas activo, como señalé en la introducción.

¿Repetirías? ¿Volverías a recorrer exactamente los mismos pasos sin deshacerlos? Quizá sí. Hay relaciones que no son perfectas, pero que lograron mantener un lazo sostenido en el que, pese a los problemas, lo esencial del amor nunca se perdió. O quizá no. Una paciente le decía a su esposo frente a mí: «Definitivamente, sí quiero separarme, aunque te amo. Es que eres tan insoportable que prefiero extrañarte a tener que aguantarte». Obviamente, esta mujer no repetiría ni por todo el oro del mundo. Y no era odio lo que sentía por él, sino cansancio. Hartazgo existencial. Como si su mente se hubiera cuestionado desde lo más profundo: «¿Transitar toda la vida juntos de nuevo para llegar a esto?».

Si respondes un sí contundente a repetir, sin autoengaños de ningún tipo, con el corazón en la mano, entonces estás bien, muy bien. No te duermas en los laureles y sigue invirtiendo en tu relación.

Si respondes un NO contundente, sin autoengaños ni resentimientos infundados, entonces debes tener claro que llegó la hora de reinventarte en el amor; que te equivocaste. Pero no confundas error con fracaso. Fracaso es que nunca más podrás entrar en una relación amorosa; en cambio, errar es meter la pata y seguir adelante. ¿Harás tu revolución o te acostumbraste a sufrir y seguir a su lado bajo el efecto aplastante de la resignación?

Y si no eres capaz de decidir, esta confusión también genera información relevante. Si dudas, algo pasa. Sería conveniente seguir profundizando y tratar de comprender qué te lleva a ese callejón sin salida de no saber qué hacer.

SEGUNDA PRUEBA

¿Querrías a una persona como tu pareja para tu hija o hijo?

Esta indagación es determinante. Te cuestionará fuertemente, porque tu análisis pondrá en juego, aunque solo sea de manera virtual, el bienestar de las personas que más amas. Este «ensayo mental» te llevará a revisar de lleno tu relación. Imagínate a tu hijo o a tu hija con alguien muy parecido o idéntico a tu pareja. ¿Los ves a ella o a él contentos? ¿Tendrían que pasar más cosas malas que buenas mientras dure el vínculo, o al revés? ¿Te gustaría tener a tu compañero o compañera como yerno o como nuera? ¿De verdad se lo recomendarías a tu hijo o hija?

Trata de responder esta difícil pregunta: si piensas que alguien como tu pareja no le convendría a tu hijo o a tu hija, ¿por qué entonces sí es buena para ti? ¿Te equivocaste? ¿Te resignaste? ¿Te invadió el pesimismo? ¿Sientes que es tarde? ¿Piensas «más vale malo conocido...»? ¿Crees que no mereces algo mejor?

Pues analiza seriamente si quieres reestructurar tu relación o retomar tu vida y enmendarla (me da igual que tengas cien años); es decir, examina si eres capaz de cambiar lo que tengas que cambiar. Y si, por el contrario, consideras que tu hijo o tu hija serían unos afortunados teniendo una pareja como la tuya, alégrate. Estás con quien deberías, y que este tanteo sirva para activar aún más la energía que te une a la persona que amas.

TERCERA PRUEBA

«¿Por qué no debería quererte?»

El tamiz que te propongo es exigente. No es común hacerse esta pregunta, sobre todo para aquellas personas que creen estar bien cuando están mal y lo que hacen es evitar la realidad debido al apego o a la dependencia. En estos casos, prefieren minimizar los problemas o simplemente ignorarlos, como si mágicamente pudieran eliminar las cuestiones negativas en vez de intentar resolverlas.

Toma una hoja de papel y vete a un lugar tranquilo que no sea tu casa. Puede ser un parque, una cafetería o donde te sientas a gusto, sin interferencias. Siéntate y pregúntate en voz alta: «¿Por qué no debería quererte?», que sería como decir: «¿Hay motivos por los cuales sería conveniente alejarme de ti?». Pon entre paréntesis lo positivo de la relación y concéntrate por un instante en aquello que no te hace sentir bien. ¿Qué peso tiene lo negativo en tu balance afectivo? Pregunta clave: si vieras a otra persona con una relación como la tuya, ¿qué le aconsejarías?

Revisa la historia que tienes con tu pareja, sin rencores ni deseos de venganza. Solo mira y pregunta si la persona a la que amas hizo alguna cosa que merecería romper la relación. ¿Perdonaste más de la cuenta? ¿Aceptaste alguna vez lo inaceptable? ¿Sus conductas pasan el filtro de tus principios? Insisto: sin resentimientos ni lamentos. Ten claro si aquellos problemas que tuvieron se resolvieron de verdad o quedaron bajo la alfombra.

Un paciente me dijo cierta vez refiriéndose a esta prueba: «Su ejercicio no me sirvió», y me entregó una hoja en blanco. Yo le respondí: «Pero ¿usted no me había dicho que ella tiene un amante y que se burla de usted cada vez que tienen sexo? Eso no está anotado aquí». Me respondió: «Sí, sí, claro..., pero yo la quiero igual». Entonces le expliqué: «Yo entiendo perfectamente que usted la ame, pero la pregunta del ejercicio es por qué no *debería* quererla. Deje por unos minutos el amor a un lado. Si algún amigo o amiga suya pasara por algo así, ¿qué le aconsejaría?». Levantó los hombros y expresó: «No sé..., no sé qué le diría». Tras un momento de silencio, le dije: «¿Le sugeriría a su amigo quedarse de brazos cruzados como usted hace? Por ejemplo, cuando ella le hizo firmar con mentiras un documento por el que tenía que entregar una propiedad que era suya, usted no la denunció a las autoridades ni hizo nada. No buscó un abogado para hacer frente a la estafa. ¿Eso le aconsejaría? Mire, hagamos el ejercicio de nuevo. Vaya y trate de escribir algo, pero sea honesto con usted mismo, aunque le duela». A los quince días volvió con varias hojas escritas. Había muchas más cosas fuera del temor a perderla que le impedían hacerle frente a una mujer que lo iba destruyendo poco a poco, como una tortura china. El ejercicio abrió una rendija por donde pudimos estudiar todos los problemas de su relación, dejando a un lado el mecanismo de la negación que no lo dejaba ver las cosas con realismo.

La idea no es que pongas cosas intrascendentes en la hoja. Hay desacuerdos normales y necesarios que no afectan al funcionamiento de una pareja. Concéntrate en aquellos hechos importantes y deja que la sinceridad se imponga. Algunos ejemplos de «hechos importantes» son: la indiferencia, las actitudes o los comportamientos que vulneren tus valores, el menosprecio, las visiones del mundo opuestas y contradictorias, que no puedas avanzar en tu autorrealización, que vivas con un estrés cotidiano causado por él o por ella... En fin, lo que sea vital para ti (para más indicadores, mira la «Parte IV»).

Si la hoja queda en blanco o hay cuestiones poco relevantes anotadas, porque *realmente* no encuentras motivos para no amarla o amarlo, esto reafirma positivamente tu relación. Si por el contrario anotas algo en que se haya vulnerado o que aún vulnera tus derechos personales o tus principios, sería conveniente revisar con quién estás y cuestionarte por qué diablos sigues con él o ella.

CUARTA PRUEBA

De quién estás enamorado o enamorada, ¿de tu pareja como es hoy o de como era antes?

Muchos de mis pacientes en situaciones de conflicto o próximos a una separación suelen decirme que, pese a todo, siguen amando a su pareja. Y cuando les pregunto si aman a la persona que es hoy o a aquella que fue en los primeros tiempos de la relación, cuando todo iba bien, muchos descubren que *sienten amor por quien ya no existe*. Con tristeza, reconocen: «Ya no es el mismo» o «Ya no es la misma». La sensación malsana es que en algún momento hubo una metamorfosis de él o de ella de la cual no se dieron cuenta. Su vida afectiva transcurrió o transcurre en el pasado, enamorados de alguien que ya no existe y navega por sus neuronas como un fantasma.

¿Te ocurre algo similar? ¿Te identificas con lo anterior? Una mujer me decía: «Lo desconozco, ya no es el mismo en nada». Le pregunté: «¿Se hubiera casado con él siendo el hombre que es hoy?». Me respondió: «¡Ni loca!». Entonces le dije: «¿Por qué sigue a su lado...? Después de todo, este individuo es otro distinto. Los tiempos se trastocaron en su mente. Quizá esté pegada a una ilusión o a la esperanza de que el "original", aquel que le inspiraba el más profundo amor, vuelva a aparecer o resucite». Tras varias sesiones, cuando ella se animó a decirle que finalmente quería el divorcio, el esposo respondió: «Pero ¡si tú me conociste así!». Su respuesta mostró una falta total de consciencia sobre lo que había sucedido, lo que ayudó a que la mujer reafirmara aún más su idea de separarse. Ella le respondió: «No, yo conocí a otro hombre». Este argumento fijista, «me conociste así», significa que una vez que te enganchas a alguien de manera formal, nunca podrás cambiar de parecer. La mejor manera de replicar ese argumento absurdo es: «Cambié de opinión», sin más explicaciones.

Insisto: ¿a quién amas? Si la respuesta es que amas a la pareja de los primeros tiempos y no a la actual, ¿qué diablos haces ahí? El amor es más funcional bajo los auspicios del realismo y lejos del autoengaño. Aterriza en el aquí y el ahora. No confundas lo que es con lo que fue. ¿Puede haber un cambio y que Lázaro resucite? No lo he visto en mi experiencia clínica, aunque si creemos en los milagros, todo es posible.

QUINTA PRUEBA

Si te mostraras tal cual eres, sin máscaras ni mecanismos de defensa, al desnudo, con tus vulnerabilidades totalmente expuestas, ¿piensas que la persona que amas se aprovecharía de ti?

El escritor italiano Cesare Pavese decía: «Serás amado el día en que puedas mostrar tu debilidad sin que el otro se sirva de esto para afirmar su fuerza». Esta es una prueba para valientes que se la juegan a todo o nada. Si te desnudas psicológica y emocionalmente y dejas claras cuáles son tus fragilidades más íntimas ante la persona que amas, ya no podrás volver atrás. Habrás quemado las naves en un acto de honestidad sin precedentes. Recuerda que en nuestra mente siempre existe alguna reserva de sumario que no estamos dispuestos a sacar (volveré sobre esto en el tema de la territorialidad en la «Parte IV»). Son como secretos de Estado, espacios tan únicos y esenciales que por la razón que sea no estamos dispuestos a compartir. En esta prueba hay que ponerlo todo sobre la mesa, sin amagos ni ocultaciones: «Aquí estoy, esto soy».

Este ensayo no puede ser virtual, debe ser real. Corres el riesgo de que si estás con una persona que no te ama de verdad, se aproveche de tus debilidades y te haga daño. En muchas relaciones, la fortaleza del «depredador» está asentada en la fragilidad de su pareja, a la que le saca todo el beneficio posible y al costo que sea. Por ejemplo, te puede haber pasado que cuentas un secreto del alma a tu compañero o compañera y termina convirtiéndose en un argumento que será aplicado en tu contra más adelante. Es uno de los muchos riesgos de entregarte a quien no debes.

¿Eres capaz de sacar tu ser y dejarlo allí frente a la persona que supuestamente amas y ver qué hace? Solo hay dos resultados posibles que aparecerán al poco tiempo: a) tu pareja actuó con ternura y compresión, sientes que valora tu gesto de confianza y confirmas que eres amado o amada sanamente; o b), observas que tu pareja empieza a sentirse más fuerte y crece su dominancia o poder en la relación. Y aunque él o ella diga que te comprende, hay un dejo de desencanto que alcanzas a ver en su mirada. No hay compasión ni empatía, sino sorpresa de la mala, como si pensara: «¿Cómo puede ser? ¡No te imaginaba tan débil!». La conclusión es definitiva, en esta prueba no existen puntos medios.

Hay mujeres y hombres que desde la primera salida hablan hasta por los codos de sus intimidades y sueltan los secretos más inverosímiles y hasta las perversiones ocultas. Muchos lo hacen, debido a sus complejos, para saber si son aceptados o no. Una paciente empezaba su conversación diciendo: «Me separé dos veces y tengo tres hijos pequeños. Esto no me convierte en un buen partido, pero quería decirlo». Cuando le pregunté por qué lo hacía, por qué abría tan abruptamente las compuertas de su intimidad, me respondió: «Que sepan de una vez lo malo de mí». No se consideraba querible porque era «malo» haberse separado y tener hijos pequeños. Sé que suena irracional, pero así fue.

El «comercio afectivo» y los rituales de conquista requieren un espacio de aproximaciones sucesivas. Tanteos, anticipaciones, ajustes y exámenes de corto plazo. Si lo sacas todo de golpe y sin recato, es posible que la otra persona se asuste. Tus virtudes le encantarán, pero tus vacilaciones o inseguridades no le gustarán ni un poco, ya que aún no siente nada por ti. ¿Para qué exponerte entonces? Esta prueba es para tu pareja estable cuando dudes si te ama, no para una noche de aventuras y tampoco si decides salir a «cazar» un futuro marido o esposa.

SEXTA PRUEBA

¿Se alegra cuando te alegras, sufre cuando sufres, se conmueve con tus problemas?

Como lo dije en otras ocasiones, el intercambio emocional, la empatía y la comunicación afectiva con la persona que amas son determinantes para que el amor se consolide y crezca. En mi consulta he visto muchos pacientes que están emparejados con compañeros o compañeras que parecen de plástico, que apenas expresan sus sentimientos y no son capaces de leer la información emocional que les manda la persona a la que aman. Si este es tu caso, si tus expresiones afectivas no son decodificadas por él o por ella, entonces son estúpidos o ignorantes afectivos. Igual de grave, igual de frustrante.

A continuación cito el extracto de una conversación que tuve con un hombre de cuarenta y dos años:

PACIENTE (P): Yo no le duelo, doctor, lo que yo digo o siento parece que va a un saco roto. Ella no lo capta.

TERAPEUTA (T): ¿No lo capta o no le interesa? ¿Ella entiende lo que otras personas le expresan en el plano emocional?

P: Sí, sí... Es conmigo.

T: O sea, usted es consciente de que ella no padece un déficit ni ninguna alteración que le impida aprehender o captar sus sentimientos, tomarlos y hacerlos suyos.

P: Ella vive muy ocupada por el trabajo... Yo, en el fondo, la entiendo...

T: Tengo mis dudas. Si me disculpa, seré autorreferencial en el siguiente ejemplo. En mi caso particular, aunque vivo muy ocupado por el trabajo, si a mi esposa le duele una muela, a mí también me duele... Es más: ante su dolor, si pudiera, me cambiaría por ella.

P: Son maneras de ser.

T: Aceptemos que existen «estilos afectivos». Lo que tiene que preguntarse entonces es si el estilo de su mujer es compatible con el suyo, si usted sufre por ello y si realmente es lo que usted espera de una relación satisfactoria acorde con sus expectativas.

P: Pero no la puedo obligar.

T: No de manera directa, no hablo de exigir afecto porque sería humillante, sino de explicarle que para usted (y creo que para cualquiera) es fundamental sentirse acogido por la pareja: si tiene una alegría que ella se congratule, y si le duele algo física o psicológicamente, que su esposa comparta ese sufrimiento. Esto último se llama *compasión*, «compartir el dolor». ¿No será que su mente y su corazón tienen tanto miedo a perderla que justifican lo injustificable?

P: Me parece muy fuerte lo que dice...

T: Lo siento, mis citas son sin anestesia. Lo que no puede hacer es alejarse del realismo. Hablo de un realismo feroz y sin excusas, aunque le duela el alma. Si no ve lo que es y se engaña a usted mismo, pasa lo que ahora está pasando: la depresión empieza a crecer.

P: Entonces debo pensar que si mi dolor no le duele o no le interesa o no lo entiende, no me ama.

T: Si su dolor no le duele y no le interesa, está con la persona equivocada, y si no lo entiende, sería bueno indagar sobre eso en una terapia de pareja para que un profesional experto opine.

P: ¿Qué hago?

T: Vamos despacio, porque es una decisión vital que involucra su vida afectiva. Primero hable con ella y explíquele que usted siente un abandono emocional por parte de ella. Si dice que no comprende por qué, reafírmese con más énfasis en su descontento y agregue que, para usted, se trata de una carencia que le impide tener una vida de bienestar. Si le dijera que no sabe qué hacer y que así es ella, nos preparamos para una separación inteligente; liberación sin la tortura de estar esperando peras del olmo. Inténtelo, saque la valentía que tiene dentro de usted. ¿No es mejor estar solo por un tiempo, reinventarse y tener claro que no repetiría un vínculo en el que su dolor pase desapercibido para el otro?

Querido lector o lectora, si no pasas esta segunda prueba, sencillamente tienes una relación *maladaptativa*. No le va bien a tu vida. Si tu alegría no le alegra, si tu sufrimiento no le llega, si tus preocupaciones no le inmutan, busca a alguien con quien poder compartir tus sentimientos de manera completa y natural.

SÉPTIMA PRUEBA

¿Tienes la total certeza de que tu pareja no te hará daño intencionadamente?

Esta prueba comienza con un ejercicio de memoria para luego observar durante un tiempo el comportamiento de quien dice amarte. Trata de recordar y ubicar en el tiempo si la persona a la que amas te hizo daño intencionadamente, es decir, y lo enfatizo: a propósito. Esto significa que tu pareja, a sabiendas de que te lastimaba, ya sea física o emocionalmente, te hizo daño. ¿Qué más debes saber? ¿Qué más debe pasar? Lo hizo igual, no deliberó ni reflexionó al respecto. Le importaste un rábano.

Hay cosas obviamente más sutiles, como callarte en público, menospreciar tus logros, coquetear con alguien en tu presencia, ignorarte..., en fin, en este paquete entra todo lo que te mortifica y te hace sufrir. Aunque la ignorancia podría excusar a veces el daño producido, por ejemplo, decir: «No sabía que te sentirías mal», la disculpa no es suficiente. Si la persona que amas no tiene ni idea de tus debilidades, de tus vulnerabilidades, pues estás mal emparejado o emparejada.

Conclusión: revisa en tu memoria y busca algún evento en el que ella o él te haya herido intencionadamente. Si quieres darle otra oportunidad, deja que el tiempo corra, y a la primera situación en que se repita, no busques excusar lo inexcusable. Ya pasó antes y ahora vuelve a pasar... ¿Qué haces allí? Y entonces te pregunto: ¿para qué quieres tenerlo o tenerla a tu lado si no te merece? ¿Te ama? Si no pasa esta prueba, todo indica que no (o que su manera de amar necesita urgente intervención psiquiátrica). Mejor sal de ahí, no vaya a ser que el lazo afectivo termine por ahorcarte. Busca el coraje donde quieras, en la religión, en la terapia, en un grupo de amigos o en alguna conversación con Dios cara a cara, pero no te quedes a ser un espectador o una espectadora de tu propia destrucción. Si lo haces, serás cómplice de tu verdugo.

OCTAVA PRUEBA

¿A veces tienes que disculparte por algo que no hiciste para que él o ella se calme?

Este es el paradigma de la sumisión: calmar al depredador, al costo que sea, incluso autolesionándose psicológicamente. Pedir perdón por alguna cosa que no hiciste, mentirte a ti mismo o a ti misma para que tu pareja esté tranquila es subyugación de la peor. Es someterte a un poder que exige que asumas una culpa que no tienes, para que te deje en paz o te acepte.

Cuando un niño o una niña está frente a unos progenitores destructivos o castigadores, y las estrategias aprendidas por el infante no son suficientes para apaciguar al potencial agresor que tiene enfrente, entonces el miedo hace que recurra a una estrategia filogenética que ha sido adaptativa para la especie humana en situaciones así: la sumisión. Decir «sí, tienes razón», «perdóname, mamá», «lo siento, papá», llorar, inclinarse, arrodillarse o tirarse a los pies del otro y suplicar. También se hace por «amor». ¿Qué otra cosa podría hacer el niño frente a unos padres destructivos, sino abdicar? Eso enseña la naturaleza: «Quieres sobrevivir, inclínate, arrodíllate». Nadie podría criticar a un pequeño o a una pequeña por hacer eso. Pero debo suponer que ya no eres un niño o una niña. Cuando somos párvulos, afuera manda el músculo, y a medida que crecemos, dentro de cada uno empiezan a mandar los principios.

¿Y si no pidieras disculpas por lo que no hiciste? Si piensas que es mejor un ojo hinchado con su respectiva denuncia que la dignidad maltratada, vas bien, muy bien. Muchas personas empiezan inculpándose para desactivar la ira de su pareja y con el tiempo se convierte en costumbre y se esclavizan en una práctica degradante.

Con esta prueba, lo que pretendo es ver hasta dónde eres capaz de anular tu ser, tu voluntad de existir, para complacer a tu pareja. Y si eso ocurre y el otro lo acepta, no te ama nada ni te amas nada. ¿Para qué seguir entonces? Marca un límite y díselo: «Si sobrepasas un milímetro –sí, un milímetro– esta línea, se acabó. Y no es que no te quiera, sino que mis genes y hasta la última célula de mi cuerpo me dicen: "No más". Me exigen respetar mi cuerpo, mi mente y mi historia. Sentirme culpable sin serlo es ir más allá de mi dignidad».

Como dije antes, puede ser sutil y tener la apariencia de un hecho intrascendente; sin embargo, si tienes que hacerte un harakiri moral, por pequeño que sea, para estar con tu media naranja, no lo hagas. Si lo que ocurre no te parece grave, piensa en las termitas, no se ven ni se sienten, pero socavan tu casa hasta acabar con ella. Si te obligan a traicionarte a ti mismo o a ti misma, como señalé antes: haz las maletas y vete. Ser fiel a uno mismo —a una misma— es la mayor de las fidelidades.

PARTE II

CUATRO CREENCIAS QUE ALIMENTAN EL APEGO AFECTIVO Y DEBILITAN TU AMOR PROPIO: IDENTIFÍCALAS Y COMBÁTELAS

El apego afectivo es el peor enemigo del amor y es una de las razones principales por las que nos perdemos a nosotros mismos en una relación de pareja, no importa quién seas. Es una forma de adicción cuya droga es la persona que supuestamente amas. Te darás cuenta de que tu vínculo es extremadamente dependiente si aparecen, al menos, estos tres síntomas:

- *La incapacidad de renunciar a la relación, aunque esta se convierta en una carga o un flagelo.* Y no me refiero necesariamente al maltrato físico o psicológico, sino también a cuando sientes que estar con alguien se hace incompatible con tus sueños y tu autorrealización, cuando tu pareja es indiferente a tus emociones o si percibes que ocupas un segundo lugar en casi todo, como si el otro tuviera más derechos que tú.
- *La creencia irracional de que sin esa persona no puedes ser feliz de ninguna manera, ni vivir en paz ni lograr el suficiente bienestar para tener una existencia que valga la pena.* Si esto ocurre, habrás puesto afuera lo que deberías tener dentro: el control de tu vida, tu autogobierno. Habrás entregado tu yo y la construcción de tu identidad personal a un agente externo.

¿Cómo establecer así una relación digna, si perdiste la autonomía?

- *El miedo a la pérdida.* Te quita demasiado tiempo estar «vigilando» a tu pareja, escanear su mundo interior para ver cómo y cuánto te quiere, en busca de algún indicador de alerta y evitar la hecatombe del adiós. Esta vigilancia, que muchas veces se vuelve compulsiva, empieza a producir infinidad de confusiones y malentendidos. Por ejemplo, un ceño fruncido es interpretado como un «ya no me aguanta», cualquier silencio es vivido como un indicador de alejamiento, un fallo en la erección es que tiene otra persona o ya no te desea, y así sucesivamente. Te pasas el tiempo deshojando margaritas y cuando menos lo piensas la mayoría de tus emociones, comportamientos y pensamientos giran alrededor de ella o de él. Amar no es andar como un alma en pena recogiendo pistas a ver si te van a dejar o no.

El apego es nefasto *por lo que te produce* (por ejemplo, sufrimiento, ansiedad, depresión o celos), *por lo que te quita* (autoconfianza, libertad para ser quien eres y autonomía) y *por lo que te confunde* al enturbiar tu percepción (atribuir al otro más belleza y valor de los que tiene e ignorar sus defectos).

Por su parte, lo opuesto al apego, el desapego, no es lejanía afectiva. Más bien es amar sin posesión, sin el temor a la soledad afectiva y manteniendo al orden del día tus derechos. Tu atención no se concentrará solamente en la persona que amas, seguirás estando en contacto con *toda la realidad*, estarás en ella sin distracciones radicales y con toda tu capacidad de disfrute. *Quizá tu pareja sea lo mejor para ti, pero no lo único.*

Veamos en detalle esas creencias que te alejan de tu yo y te quitan independencia emocional. Cada una dirige tu conducta, tus sentimientos y pensamientos hacia el agujero negro de la adicción al amor. Las cuatro creencias que verás actúan como valores negativos o antivalores y te idiotizan, te hacen evaluar como importante e imprescindible algo que no lo es. Ellas harán que te dediques a dar obsesivamente y a no esperar nada a cambio. Dicho de otra forma: alimentan tu ignorancia emocional y no tu inteligencia afectiva, como debería ser para construir un buen amor.

¿Sabes cuál es el peor enemigo del cambio que deberías hacer para renacer y ser quien realmente quieres ser? El miedo. Miedo a la soledad, a que nadie te quiera, a perder una pareja maravillosa (aunque no lo sea) y a recomenzar de nuevo con alguien que ni siquiera sabes si existe o no. La pereza o la intolerancia a transformarse esconde pura cobardía. La transformación duele, te guste o no. Pregúntate qué esperas: ¿seguir igual de anestesiado o dejar entrar el dolor saludable de la cura afectiva? ¿La pastilla azul de *Matrix* y vivir una mentira, o la roja y ver la realidad?

Estas cuatro formas de pensar, socialmente aceptadas y promovidas por la cultura del amor romántico, que acaban con todo amor saludable, son: «Sin ti no soy nada», «Tú me defines», «Tú le das sentido a mi vida» y «Tú lo eres todo para mí». Lo absurdo es que, si las asumes, la gente te alabará, dirá que amas con locura y te felicitarán, cuando en realidad deberían darte el pésame. Veamos cada una en detalle.

«Sin ti no soy nada»

Esta idea te lleva de cabeza a la cosificación: te hace pensar que eres un medio, un objeto con valor de uso y no con un valor intrínseco. Una vez que esta creencia irracional se incorpora a tu base de datos, habrás puesto tu dignidad personal en manos de otra persona. Si no eres nada y necesitas que la presencia de quien amas te avale para existir como persona, significa que no eres un fin, sino un medio, necesitas de tu pareja para que tu humanidad sea reconocida.

Te pregunto: ¿dónde estabas antes de que apareciera él o ella entonces? ¿En el limbo? Tu dignidad existe porque tienes algo que decir que vale la pena escuchar. Amar es expresar: «Tú me interesas», «Tú me importas». Nadie tiene que elevarte a la condición de ser persona. ¡Ya lo eres! ¡Siempre lo fuiste! ¿Quién diablos le dio a tu pareja el don de otorgar la credencial para decir quién posee la condición humana y quién no? Nada justifica que tengas que recurrir al amparo y a la protección de quien amas para que te «dignifique» y te dé el visto bueno.

Quítate esta creencia, sácala, tírala a la basura. Tú eres *alguien*, y no *algo*. Cuando amas, compartes gran parte de tus sueños, tus ilusiones y tus valores, y eso es *tuyo* por derecho propio. No se regala ni se vende. Decir: «Sin ti no soy nada» (y, por lo tanto, «contigo sí soy») es denigrante. Escúchame bien: o te aman por lo que eres o mejor que no te amen. Tu pareja debe sentirse contenta y hasta orgullosa de estar contigo sin maquillajes ni remodelaciones emocionales. Amas la totalidad del otro o no amas nada. Si él o ella acepta darte su bendición para que dejes de ser «nada», escapa lejos, muy lejos.

Para empezar a combatir esta creencia:

- Lee la Declaración Universal de los Derechos Humanos, y regodéate en el descubrimiento de que no necesitas que nadie certifique que perteneces al género humano. Que tu pareja tenga que validarte para que tú te valides es humillación, y la humillación es incompatible con el amor. Le guste o no a tu media naranja, posees DIGNIDAD, así, con mayúscula. No eres una cosa, eres un sujeto. Grábatelo. No tienes que estar a la sombra de nadie.
- Practica la autonomía, lo cual significa ser internamente libre y tomar tus propias decisiones. No tienes que pedir permiso para existir. Muévete por tu motor interno. Puedes estar con la persona que amas y aun así dirigir tu propia vida en lo fundamental: tu vocación, tus sentimientos, tus valores, tus creencias, etcétera. Diga lo que diga tu pareja, eres dueño o dueña de tu propia vida. Siéntete esencialmente en libertad, y si a ella o a él no le gusta, su amor hacia ti es esclavista.
- Elabora tu propia carta de derechos asertivos (autoafirmación) y súmalos a los que te da la Declaración Universal de Derechos que señalé antes. Ahí tendrás una guía sobre lo que es negociable y lo que nunca deberías negociar. Aquí va un ejemplo extraído de varias fuentes y pacientes que lograron establecer esta referencia interior. Para que lo tengas presente, los derechos son valores, aquello que es verdaderamente importante para ti. Ahí va un

ejemplo de diecisiete derechos asertivos, a ver cuáles eliges y cuáles no:

1. El derecho a ser tratado con dignidad y respeto.
2. El derecho a experimentar y expresar sentimientos.
3. El derecho a tener y expresar opiniones y creencias.
4. El derecho a decidir qué hacer con tu propio tiempo, cuerpo y propiedades.
5. El derecho a cambiar de opinión.
6. El derecho a decidir sin presiones.
7. El derecho a cometer errores y a ser responsable de ellos.
8. El derecho a ser independiente.
9. El derecho a pedir información.
10. El derecho a ser escuchado y tomado en serio.
11. El derecho a tener éxito y a fracasar.
12. El derecho a estar solo.
13. El derecho a estar contento.
14. El derecho a no ser lógico.
15. El derecho a decir: «No lo sé».
16. El derecho a hacer cualquier cosa sin violar los derechos de los demás.
17. El derecho a no ser asertivo.

«Tú me defines»

Esta creencia indica que estás muy abajo en la relación, que tu afecto habita en las entrañas mismas del apego. En este caso, ya no se trata de cuánto vales, sino que pones tu identidad personal, tu definición y tu singularidad en manos de tu pareja para que sea ella quien las determine.

La identidad personal es el conjunto de características propias de una persona que le permiten distinguirse del resto. Es el conjunto de gustos, creencias, ideología, costumbres, etcétera, que configuran su personalidad. Es lo que constituye tu «yo», lo que se conoce como el *self*. Las personas inmaduras no son capaces de definirse (incluso esta incapacidad puede ser un elemento de algunas alteraciones psicológicas, como, por ejemplo, el trastorno de personalidad límite). La cuestión es la siguiente: si no eres capaz de decir «soy esto» o «intento ser esto», terminarás buscando tu identidad en algún referente cualquiera, para imitarlo después.

Si no tienes autodeterminación, serás como una veleta a la mitad del océano. Irás para donde los vientos quieran. Y en estos casos, es precisamente la pareja quien puede llegar a ser quien direccione y establezca tu vida psicológica. Crearás un apego a todo lo que te diga, cómo actuar y pensar, será tu faro: «Ve para allá. Ven aquí. Debes hacer esto o aquello».

¿Cómo evitar que esto ocurra? Recupera y actualiza tu autobiografía. ¿Por qué no retomas tu historia, ese pasado que marcó y marca el rumbo de tu vida? ¿De dónde vienes y adónde quieres ir? Esa experiencia previa te da el vector que indica un rumbo específico, tus preferencias y tu visión del mundo.

Si tu pareja debe manejar tu «desorientación», quizá necesites ayuda. ¡Nadie te define! ¡Tú lo haces, es tu tarea y tu privilegio! No necesitas un guía, sino un compañero o una compañera de viaje. ¿Cómo quieres ser quien en verdad eres si él o ella ocupa tu mente?

El amor sano se mueve afuera del eje dominancia/sumisión. «Tú me defines» significa esclavitud y subyugación afectiva. En una buena relación, respetuosa y democrática, nadie define a nadie: lo que la hace saludable es la emancipación de los dos, la libre decisión de andar juntos. Un amor sometido que necesita un aval externo para «ser» es dependencia radical, apego del más crudo y aplastante. Si estás metida o metido en semejante enredo, te recomiendo una de estas dos cosas: si sientes que no te encuentras, pide ayuda profesional, y si tu media naranja pretende intervenir en la construcción de tu propia identidad, ¡escapa! Que nadie te califique, catalogue o etiquete, aunque sea la persona que dices amar quien lo haga. Hazme caso, escapa.

Para empezar a combatir esta creencia:

- Busca en tu historia personal de dónde vienes, quién era o es tu familia, repasa los años en que estudiabas en primaria y secundaria. Recuerda a tus amigos y amigas, tu primer romance, tu iniciación sexual, lo que te hizo sentir orgullo y las cosas de las que te avergonzaste. Ubícate en ese proceso de crecimiento. Así empezarás a ver cómo empezó a formarse tu identidad y de qué manera sigue organizándose en el día a día.
- Sabrás cuál es tu identidad personal cuando te descubras siendo coherente, cuando pienses, actúes y sientas para un mismo lado: pensamiento, conducta y emoción alineadas e integradas como una flecha disparada al cielo.

- Toma conciencia de que la construcción de esa identidad no necesita el visto bueno de nadie, ni ningún *coach* amoroso. Tú te autodefines, te conceptualizas a partir de cómo te observes a ti mismo o misma. Definirte es un trabajo de autoconocimiento que solo te pertenece a ti. Lo ideal es que la persona que amas respete tu territorialidad emocional, ese espacio de reserva psicológica donde te inventas, reinventas y deconstruyes a cada bocanada de aire, a cada instante. Y si insiste pese a todo en querer ser coautor o coautora de tu «yo», mándalo o mándala a volar.

«Tú le das sentido a mi vida»

Los boleros lo cantan y la cultura lo promueve como la gran prueba de amor. Antes y después de ti, como antes y después de Cristo: «Para qué vivir, si no estás conmigo». Una paciente, cuando su marido se iba de viaje durante una o dos semanas por motivos de trabajo, entraba en una especie de estado de hibernación. Se secaba por dentro y por afuera, quedaba inmóvil frente a su existencia y veía pasar la vida como si no tuviera nada que ver con ella. Casi no se bañaba, no se arreglaba, se alejaba de los amigos y amigas, se deprimía, todo lo veía en «blanco y negro», según sus propias palabras. La alegría, el hedonismo básico, no producían nada en ella, porque no estaba su *leitmotiv*: «Para qué, doctor —me decía—, si él no está, nada es igual, todo se apaga, en cambio cuando lo veo cruzar la puerta todo se enciende, todo vuelve a nacer. Él le da sentido a todo». Si llegaba, la experiencia existencial aparecía ante ella en colores y en 3D. La energía vital del universo volvía a fluir por su cuerpo y por su alma. Ya todo volvía a la maravillosa normalidad de tenerlo entre sus brazos.

Si tu pareja es el significado de tu existencia, hiciste a un lado tu autorrealización y el desarrollo de tus talentos naturales. Reprimiste o minimizaste tu vocación esencial, la que tenías a flor de piel hace unos años, y ahora tu vocación es él o ella.

Decir «la vida no tiene sentido sin ti», implica aceptar que el propósito de tu existencia gira en torno al otro. ¿Te quejas de que ya no te reconoces, de que te perdiste, de que ya no tienes la fuerza de antes? ¿Y qué esperabas? Tú le diste a tu pareja el poder de ser la motivación principal de cada acto de tu vida. Te realizas en tu pareja y no con ella. Y te vuelvo a preguntar, si ella o él le dan sentido a tu vida, ¿se acabaron los objetivos, las metas, los sueños o las ilusiones personales? ¿Realmente eres incapaz de explorar el mundo y tratar de descubrir un propósito o varios que te permitan seguir por tu cuenta? Si es así, tu potencial humano se apagará por siempre.

Esta creencia te impide ejercer el derecho a la *correspondencia emocional*. Darás y darás amor de manera incansable y compulsiva, para no perder a tu pareja, sin importar lo que ella haga. Te importará más querer que que te quieran, porque allí, junto a él o ella descansará el sentido vital de tu existencia. Habrás perdido el norte.

Para empezar a combatir esta creencia:

- Considera que poner tu vida en manos de la persona a la que amas para que la oriente es un acto inmaduro y denigrante. No creo que haya un sentido universal, sino individual. Cada sujeto define qué es determinante y vital para su vida, y hacia dónde quiere ir. Pregúntate qué quieres, qué significa para ti la existencia. ¿Para qué y por qué estás viva o vivo? No tienes que tener la respuesta, sino hacerte la pregunta una y mil veces, reflexionar sobre tu ser y jamás aceptar que te lleven de las narices como una oveja al matadero. Una cosa es aconsejarte y otra pensar por ti.

- Esta creencia te lleva tarde o temprano a renunciar a tus motivaciones básicas y dejar que te «asesoren» sobre lo que deberías hacer, sentir y pensar. Si tu pareja le da sentido a tu vida, entonces, ¿qué harás con aquellos deseos, sueños, metas y propósitos que son exclusivamente tuyos, con esos impulsos que nacen de tu manera genuina y de tu auténtica singularidad? No se puede tener una vida saludable y decorosa con una motivación prestada. O entiendes que debes apropiarte de tu propio ser y mandar sobre ti, o serás el pálido reflejo de alguien que te dirá cuándo y cómo actuar. Irás para donde te digan. Eso no es amor, es anulación y sometimiento.

- Esta creencia tiene un efecto complementario que podríamos llamar *apego existencial*. Si dirige tu destino y te descompones cuando no está, no caminarás a su lado, sino detrás. ¿Qué le ocurrirá a tu mente? Perderá lucidez. La mejor manera de rebatir y combatir la idea de que tu pareja le da sentido a tu vida es crear un estilo de desapego afectivo. Estar dispuesto o dispuesta a la pérdida. Entender que si él o ella no están a tu lado, aunque te duela, reorientarás tu historia, estructurarás tu presente como mejor te plazca, aunque te equivoques ¡Tropieza! ¡Ensaya y explora! Pero sé tú misma o tú mismo, sin el aval de nadie, pareja incluida. ¿El sentido? Tú decides.

«Tú lo eres todo para mí»

Si tu pareja lo es todo, o así la percibes, es que la convertiste en tu religión y, obviamente, te entregarás a ella ciegamente. La idealizarás y se convertirá en una especie de dictador que se meterá en tu mente. Ya no será tu droga preferida (lo cual ya es muy malo), sino tu Dios personal (lo que es, sin duda, peor).

«Tú lo eres todo para mí» no solo significa que se acabó lo demás, el mundo y tus experiencias vitales, sino algo terrible: «Tú me contienes». «Lo eres todo para mí» es otra forma de decir «sin ti no existo, soy tu apéndice». Como ya dije, veneración no es amor, es sumisión y obediencia. Abrazar, besar y mimar no es rendir pleitesía.

Si lo anterior es verdad, ¿cómo diablos quieres amar sin olvidarte de ti? Sácate el «todo» de la cabeza, del corazón y del bajo vientre. La persona que amas es humana: sangra, suda y va al baño. No tiene nada de divinidad. No la idealices, mírala en su dimensión humana, cruda y dulcemente, sin sesgos positivos ni negativos. Lo que es, sin excusas ni anestesia.

Lo que suele ocurrir en estos casos es que, por haber empequeñecido tanto tu persona, magnificaste al «amor de tu vida». Tu minusvalía es la grandeza del ser amado, ese que te contiene, te honra con quererte, y es la única fuente de placer y de seguridad. Un semidiós o una semidiosa en la tierra.

Si sueltas esa fantasía o ese apego que construiste, ocurrirá en ti algo maravilloso: te pondrás a prueba. Saldrá a flote una parte de tu ser que aún sigue viva: se llama *amor propio*. Amar, decía el biólogo Humberto Maturana, es dejar aparecer, es decir, es dejar que la otra persona se manifieste como realmente es. Amarte es dejarte ser. Amor espontáneo, fresco, libre y respetuoso.

Para empezar a combatir esta creencia:

- Si la persona a la que amas lo es todo y te incluye de manera radical en su ser, ¿cuál es tu relación con el cosmos, con lo sagrado, con Dios o con la naturaleza? ¿Tiene más valor tu pareja? ¿Realmente piensas que eres parte de él o de ella? ¡Despréndete! En tu pareja no se acaba la extraordinaria experiencia de estar dentro del movimiento de la vida y disfrutar cada recoveco de tu capacidad de sentir. Si tus vivencias deben estar «reguladas» por el amor que sientes por él o por ella, son incompletas o fraudulentas. ¿No has tenido la espantosa sensación de que te pasas el tiempo recogiendo las sobras que tu media naranja deja de sus momentos felices? Tu pareja no vuela, no tiene superpoderes, no tiene nada de deidad.
- Si piensas que la persona a la que amas lo es todo, ocupará tu mente y tu ser, mirarás por sus ojos, sentirás lo que ella siente y pensarás lo que piensa.

Dirás una y otra vez: «Soy parte de ti». Como si amar fuera una forma de canibalismo afectivo. No necesitas que él o ella te absorba hasta desaparecer. Eso es posesión. Rebélate ante la devoción y la idolatría hacia quien amas, eso te quitará energía y fomentará un apego generalizado. Mira a tu pareja a los ojos, sin inclinarte, de igual a igual. Se ama en democracia o no se ama.

- Algunas personas no solo sienten que tocan el cielo con las manos estando con su amado o amada, sino que están en el cielo. Esto implica concentrar toda la felicidad en un solo lugar. Un ejemplo de focalización y dependencia emocional al extremo. Sacúdete, escápate, tírate al ruedo de la existencia sin el beneplácito ni la bendición de quien amas. Es posible estar con alguien sin renunciar a tu espacio vital. Como decía el poeta Ismael Enrique Arciniegas: «Tus rosas, mis rosas y nuestras rosas». No solo las tuyas. No enciendas velas a tu pareja, solo acércate a ella desde la humanidad que compartes. Nunca digas: «Fuera de ti no hay nada». No te diluyas en un amor que te quita la singularidad que te determina.

Conclusión: «No puedo ni podría vivir sin ti»

Tomemos las creencias anteriores y reunámoslas en un solo esquema que podríamos llamar de *apego crónico*. ¿Te imaginas a todas actuando al unísono: «Tú me das dignidad, identidad, significado y trascendencia»? Es decir, «me otorgas humanidad, me acreditas como tal y haces que pueda existir, eres más vital que el aire». La conclusión es obvia: «No podría vivir sin ti, ya que sin tu apoyo sería algo así como escoria». ¿Cómo estar con tu pareja de manera tranquila y ser como eres sin que el miedo a perderla te corrompa o te subyugue?

¿De dónde provienen estas ideas irracionales?

Provienen de la cultura en general: los procesos de enseñanza/aprendizaje que se originan en la familia, en la escuela, en los cultos religiosos, en los productos audiovisuales de ficción (cine o telenovelas), en la literatura romántica y la música. A esto hay que sumarle tu experiencia personal en las relaciones afectivas. La historia de la humanidad llevó a la deificación del amor durante siglos. Un estándar amoroso imposible de seguir, pero que nos empeñamos en mantener. Promocionamos un paradigma distorsionado que confunde el amor con el enamoramiento o, lo que es lo mismo, con el sentimiento de posesión, apego, hipomanía y la obsesión que acompaña a esta última.

Se nos hizo creer que la principal realización está en enamorarse de alguien, porque de no lograr ese vínculo amoroso seríamos personas infelices e incompletas. Casarse es un acto sagrado, considerado muchas veces para siempre, lo que induce a las personas a desarrollar niveles de tolerancia inaceptables. No importa quién sea ni lo que te cueste estar con él o con ella, no importa la involución, la anulación o el desajuste que puedas tener: el amor es todopoderoso, eterno e incondicional. Y si estas características no están presentes, no se trata de un amor verdadero, sino de una burda falsificación. Como si no pudieran existir el amor disfuncional, destructivo, inmaduro o maltratador, ni las formas de relacionarse enfermizas que los profesionales de la salud mental vemos a diario.

La cultura también cultiva, de manera directa o indirecta, la dependencia afectiva y el miedo a la soledad. Estar afectivamente solo o sola es percibido como un fracaso.

Suma todo lo anterior y piensa cómo puede haber influido en ti este bombardeo de información. Cuando se instalan en tu cerebro las creencias anteriores, verás normal una entrega desproporcionada y sin esperar nada a cambio, haga lo que haga tu pareja. En el día a día, si tus derechos se ven menospreciados o el costo de estar con alguien te hunde en un pozo de inseguridad, mirarás para otro lado, minimizarás los hechos o los justificarás; te resignarás y soportarás lo que sea. Un pensamiento se instalará en tu mente: «No tiraré la toalla, el amor todo lo puede». Y ahí te quedarás hasta envejecer.

Afirmar «no puedo ni podría vivir sin ti» esconde un sinnúmero de carencias; debilidad, miedo, antivalores, dependencia, baja autoestima, necesidad de aprobación, idealización de la persona supuestamente amada, autosacrificio irracional, autoabandono y una confianza en uno mismo o misma pobre, entre otras cosas.

Lo que debes entender cabalmente es que no eres menos que tu media naranja y que por ninguna razón deberás ocupar un segundo lugar en la relación. No te ubiques ni detrás ni delante de nadie, sino al lado, de igual a igual. Una paciente me decía: «Es que él es más inteligente, más exitoso, más guapo, tiene buen humor, la gente lo quiere... Yo no estoy a su altura, me considero afortunada de que se haya fijado en mí». ¿Qué tipo de relación puede construirse desde esta perspectiva? El mensaje es terrible: «Tú vuelas mientras yo me arrastro». Sentir que no existes por derecho propio, ya que «no estás a la altura», es considerarte insignificante comparado con la majestuosidad de tu gran amor. ¿Por qué no decir «qué suerte tenemos (los dos) de estar juntos, de tenernos el uno al otro»? ¿O «esta relación vale la pena porque nosotros valemos la pena»? ¿Qué pasó con mi paciente? Él la dejó y se fue con otra mujer. Su conclusión fue: «Era de esperarse, siempre fue demasiado para mí».

PARTE III

PERSONAS DE LAS CUALES SERÍA MEJOR NO ENAMORARTE

Imaginemos que has estado en una relación desequilibrada, en la que dabas mucho más de lo que recibías y la persona que amabas no colmaba tus necesidades afectivas. Y supongamos, además, que de tanto amar a tu pareja hiciste a un lado gran parte de tus intereses vitales. Fuiste empequeñeciéndote, anulando tu ser y perdiendo tus ilusiones para reafirmar las de él o las de ella. Si esto fue así, con seguridad ocupaste un deshonroso segundo lugar, aunque lo hacías con cariño y tenías el convencimiento de que esa manera de amar era la adecuada.

Échale cabeza: ¿la persona que amas o amabas normalizó este desequilibrio y se acomodó en él? ¿En aquel momento tu pareja no tuvo en cuenta que el amor es y debe ser recíproco? Si crees que la relación afectiva entre dos personas implica no esperar nada a cambio, estás en el peor de los errores. Amar y ser amado es la condición básica y no negociable de cualquier amor completo y democrático. El afecto saludable es de ida y vuelta. Quizá esa sea la razón por la que se nos dice: «Ama a tu prójimo como a ti mismo». No como al universo, a Dios o a cualquier otro referente, sino «como a ti mismo», porque la autoconservación es la clave y el vector de la vida.

Pregúntate lo siguiente: si vieras que la persona que amas es un apéndice tuyo, vive y respira solo para ti de manera compulsiva y es descuidada frente a sí misma, ¿no dirías nada? ¿Qué hubieras hecho si tu pareja solo girara a tu alrededor? ¿Lo aceptarías sin más? No, ¿verdad? Si la amaras de verdad, le harías ver que ella también cuenta. ¡Esto es muy evidente! Posiblemente tratarías de subsanarlo fomentando más su independencia emocional y su autonomía.

Pues si tu media naranja actúa como si tu deber fuera existir exclusivamente en función de ella, si su estilo amoroso es autorreferencial, si no le duele tu malestar y, además, no sabe leer tus emociones, estás con la persona equivocada, por más que la ames o lo ames. Escapa. No tienes que ser el satélite de nadie.

Pasaré a detallar cinco estilos afectivos profundamente dañinos, de los cuales sería mejor no enamorarte o alejarte lo más pronto posible si ya estás con alguno de ellos: el estilo inmaduro/emocional, el estilo controlador/posesivo, el estilo indiferente/ermitaño y el estilo narcisista y dos de sus variaciones. Por último, analizaré el carácter pasivo-agresivo y sus principales rasgos.

ESTILO AFECTIVO INMADURO/EMOCIONAL

Cuando sientes que para estar bien con tu pareja debes «adoptarla»

Hay personas infantiles que se pasan la vida haciendo berrinches por todo lo que no es como les gustaría que fuera. Son individuos poco razonables, con baja tolerancia a la frustración, egocéntricos e incapaces de procesar la realidad tal cual es. Si tu pareja es así, no te casaste, la adoptaste.

Es imposible razonar con alguien irracional. La madurez implica descentramiento, ver las cosas desde otros puntos de vista sin entrar en crisis: lo que dirige tu comportamiento es principalmente tu mente, y no tus hormonas o tus necesidades primarias.

¿Tener paciencia? Pues aceptemos que ser paciente es una virtud y que vale la pena intentarlo en muchos órdenes de la vida, sobre todo con los niños. No obstante, hay dos asuntos que debes tener en cuenta: 1) esa persona inmadura que está a tu lado no es un niño o una niña, sino tu pareja y, 2) para que la paciencia sea y se mantenga como una virtud, no debes caer en la subyugación, ya que, si lo haces, pasas el límite de tu dignidad personal.

Una persona inmadura es una carga porque no sabe dialogar. Querrá imponer su punto de vista y no prestará atención a lo que digas o hagas. Su vida está anclada a un submundo al cual no tendrás acceso. Y no hablo de que sea una patología, porque esta personalidad no aparece en los tratados estadísticos de clasificación psiquiátrica. Pero que no te quepa duda: existe y afecta negativamente a cualquier relación.

El estilo inmaduro/emocional sufre de lo que podríamos llamar *infantilismo cognitivo disimulado*. Son personas que pueden desempeñarse de manera normal en la sociedad, el problema lo tienen en cómo procesan la información. Su mente funciona como si se hubiera fijado en una etapa infantil indeterminada del crecimiento emocional. Se niegan a crecer o no son capaces de asumir roles adultos. Una de sus principales características es el centralismo o egocentrismo, es decir, que no son capaces de aceptar otras perspectivas o dimensiones al tratar de explicar algo. Al desconocer que otros pueden tener información distinta, se cierran en un mundillo absolutista. No se trata de Asperger ni de autismo, ni de alguien con rasgos psicóticos, solo es una persona con un perfil inmaduro con quien es muy difícil conectar, a no ser que te conviertas en el personaje de Wendy o de Peter Pan.

Señalaré los puntos principales que definen este estilo afectivo. Debes tener en cuenta dos cosas: 1) no siempre las personas reúnen la totalidad de estos rasgos; sin embargo, es bueno que tengas en cuenta que, según mi experiencia, si reúnen tres o más de ellos, estarás frente a una persona inmadura; y 2) cada uno de estos rasgos puede convivir con otros que complican la clasificación. Aun así, no se trata de colgar una etiqueta, sino de que tú definas cómo te sientes con alguien de personalidad inmadura y si realmente deseas seguir con él o ella. También es importante recalcar que la inmadurez psicológica o emocional —o algunos atributos de ella— es típica de personas emocionalmente dependientes. Veamos en detalle las variables que definen este estilo.

1. *Bajos umbrales para el dolor.* No soportan el sufrimiento, aunque sea mínimo, ni tampoco la incomodidad. Quieren vivir entre paños de algodón. La pregunta es cómo diablos van a sobrevivir en un mundo punzante y difícil. ¿Quieres estar con una persona así?
2. *Búsqueda exagerada de sensaciones.* Necesitan un bombardeo de estímulos variados y entretenidos. Se aburren fácilmente y siempre quieren hacer cosas para entretenerse. Ni tus fuerzas ni tu imagina-

ción alcanzarán a darles gusto. No se cansan. ¿Quieres estar con una persona así?

3. *Baja tolerancia a la frustración.* Te frustras cuando la expectativa que tienes de alcanzar una meta o un objetivo, por la razón que sea, no se logra. Es básicamente una respuesta de ansiedad. Los estilos afectivos inmaduros viven casi permanentemente en la zozobra de la frustración. La creencia que hay detrás de esa reacción es esta: «Si las cosas no son como me gustaría que fueran, me da rabia». La consecuencia es una pataleta o un berrinche. Les cuesta mucho saber qué depende de ellos y qué no. No aceptan la negativa con facilidad y activan un «berrinche adulto», como no hablar, encerrarse, irse o agredir al otro. ¿Quieres estar con una persona así?

4. *Afrontamiento dirigido a las emociones.* Cuando están frente a un problema, más que solucionarlo, su atención se dirige a no sentirse mal, como si de esa manera se desligaran de la causa. Un afrontamiento maduro es el que se dirige al problema, buscando la solución y no solo el alivio. Está claro que si la emoción molesta, uno quiere sacársela rápidamente de encima, aunque podría llegarse al absurdo de saber controlar la sensación desagradable aun cuando el problema siga presente. En definitiva, son muy malos para resolver contratiempos. ¿Quieres estar con una persona así?

5. *Baja complejidad cognitiva.* Tienden a razonar de manera superficial. La información compleja los fastidia. A raíz de lo anterior, poseen una mente que

podríamos llamar simple o elemental. Profundizar los aterra y, debido a que el cerebro es como un músculo (si no se trabaja, se atrofia), con el tiempo pierden capacidad cognitiva. Solamente sacan músculos mentales para el área que les interesa, ya sea el trabajo o un *hobby*. Si partimos del hecho de que criar a un hijo es una actividad de muy alta complejidad cognitiva, no suelen ser buenos padres o madres. ¿Quieres estar con una persona así?

6. *Elevada impulsividad.* Les cuesta mucho controlar sus impulsos. No me refiero solo a los negativos, sino también a los positivos. Podrán hacer un verdadero jolgorio si se les regala algo que les gusta o gritar como condenados si están en una situación que los incomoda. Debido a su inmadurez, no poseen un buen autocontrol, lo que a veces les trae problemas de toda índole: por ejemplo, muestran cierta vulnerabilidad a caer en distintos tipos de adicciones. ¿Quieres estar con una persona así?

7. *Poca introspección.* Tienen muy poca capacidad de autoobservación y, por lo tanto, de autocrítica. Al poseer un autoconocimiento pobre, pueden creer cualquier cosa de sí mismos. Cuando la gente les encuentra un defecto, se sorprenden porque no lo habían visto o se ofenden debido a su poca autoestima. Si les dices: «Piensa en ti», es posible que cambien de tema. ¿Quieres estar con una persona así?

8. *Poco manejo del humor.* El sentido del humor al que recurren es muy ordinario o práctico. El chiste de doble sentido, el absurdo o el efecto risible de la contradicción no les hace tanta gracia. Una caída,

un tropezón, un empujón (piensa en Los Tres Chiflados) son más eficaces a la hora de producirles risa. No son precisamente sutiles o finos en el humor. ¿Quieres estar con una persona así?

9. *Ilusión de permanencia.* Cuando se enamoran tienden a congelar el tiempo. Y se confunden si ocurre algún cambio inesperado. La ilusión que los mueve es que el amor es para siempre, igual que muchas otras cosas. Les cuesta ver un mundo donde mande la impermanencia, no perciben que todo cambia. No es que desconozcan la historia como disciplina, sino que tienden a ver el universo como estático. Una especie de conservadurismo crónico los invade. ¿Quieres estar con una persona así?

Te estarás preguntando cómo son estos individuos cuando aman. Mi respuesta es: toma todo lo anterior, mézclalo desordenadamente y lo que resulta será su manera de amar. Es verdad que pocos tienen todos los indicadores, pero con tres o cuatro ya logran amargarle la vida a cualquiera. Vuelve a leer las nueve características señaladas y trata de imaginarte cómo sería tu vida con alguien así.

Ahora bien, si ya estás metido o metida en una relación inmadura, no te dediques a tratar de que el otro crezca. Se necesita ayuda profesional, aunque no soy optimista. Tú decides.

ESTILO AFECTIVO CONTROLADOR/POSESIVO

Cuando tu pareja está convencida de que le perteneces, como si fueras un objeto o una cosa

Los sujetos que responden a este estilo amoroso conciben la vigilancia del otro como una forma de vida. Un pensamiento guía su comportamiento: «Me perteneces porque te amo y, por lo tanto, me apropio de ti». Si las parejas de estos personajes sufren de dependencia, estarán felices de ser colonizadas por quienes supuestamente los aman a morir. He ahí el error: en un amor saludable, nadie pertenece a nadie. Cuando te empiezas a sentir una prolongación de quien amas, tu relación afectiva habrá empezado a transformarse en un cautiverio, aunque lo consideres un secuestro maravilloso.

La cultura ve con buenos ojos decir: «Tú eres mío o mía», ya que implica querer ser uno con el otro: fundirse, desaparecer en la persona que se ama y estar a su servicio. Repito: ser «poseído» o «poseída» es más un padecimiento socialmente aceptado que una manifestación de amor sano. Significa adueñarse de la pareja y ponerla a funcionar según lo que uno diga: es un «afecto dictatorial» que te va obligando a vivir en función del otro.

Si tu pareja te considera una propiedad privada, una pertenencia, estás muy cerca de la esclavitud emocional. Te cosificaron y quizá ni te diste cuenta. Pasaste de ser un sujeto a ser un objeto, y por lo tanto tus deseos y pensamientos no serán relevantes para quien dice amarte. No habrá quien te escuche ni quien te ame bien. Confundir cuidado y protección amorosa con invasión o colonización es mortal. De ahí frases tan denigrantes como: «Hazme tuya» o «Hazme tuyo».

Una paciente me decía emocionada: «Él es controlador conmigo porque me ama demasiado, teme perderme». Yo le repliqué con una frase de Krishnamurti: «Amar es la ausencia de miedo». No la entendió. Su posición era que, si no había temor a perder al otro, el sentimiento era poco o insuficiente. En otras palabras: «Solo me amas de verdad si soy tu droga preferida». Un culto al apego.

Debes tener en cuenta que muchas veces lo que comienza como una sana y simpática manera de dejarse contemplar, mimar o aconsejar, puede terminar como la peor y más desagradable manera de reclusión. El ser humano, tal como decía Konrad Lorenz, con el desarrollo de la civilización industrializada, se volvió mucho más cómodo e indolente que en la prehistoria. Es muy fácil caer en el vicio de «dejarse llevar». Eligen tu ropa, deciden tu alimentación y, de paso, te sugieren que para hacer determinadas cosas debes pedir permiso. Y así, te van robando la autonomía y tu derecho a decidir y a disentir.

Es fácil confundir dominación con amor debido a que la sociedad nos inculca desde la infancia que «no hay amor sin celos» y fomenta de una manera implícita o explícita una variación del controlador/posesivo que a veces coexiste con él: el estilo desconfiado. Aquí el núcleo duro es la paranoia y la convicción de que la infidelidad de la pareja ocurrirá en cualquier momento. Su mayor angustia es no enterarse de que la persona a la que ama lo engaña y por eso despliega sus investigaciones, exámenes e inspecciones de todo tipo. Para él siempre hay que estar a la defensiva, porque la gente es mala y quiere hacerle daño, pareja incluida. Los celos normales que todos podemos tener en ocasiones se convierten en un delirio más o menos permanente: la *celotipia*. Y entonces la dominación se convierte prácticamente en carcelaria y agresiva. Al estar con una persona paranoide/desconfiada, el peligro que se corre es alto.

¿Estás con alguien que te controla y vigila «por amor»? Quizá te hicieron creer que no eres capaz de hacerte cargo de tu persona y necesitas una pareja que cumpla la función de *coach*. Si es así, tarde o temprano descubrirás con asombro que el amor de tu vida se habrá convertido en un policía del pensamiento. La convivencia bajo el orden ansioso impuesto por la persona controladora/posesiva es definitivamente limitante. Yo agregaría degradante.

La palabra clave de lo dicho hasta aquí es *libertad*. Tu libertad interior y tu autodeterminación solo te pertenecen a ti y bajo ninguna circunstancia son negociables, ni siquiera por amor. Si no te abren la jaula para que vueles, túmbala, hazla trizas y lánzate a vivir intensamente y sin más dirección que la tuya.

Te dejo esta poesía del gran Prévert para que medites al respecto:

Para ti, mi amor

Fui al mercado de pájaros
y compré pájaros
Para ti
mi amor
Fui al mercado de flores
y compré flores
Para ti
mi amor
Fui al mercado de chatarra
y compré cadenas
Pesadas cadenas
Para ti
mi amor

Después fui al mercado de esclavos
Y te busqué
Pero no te encontré
mi amor.

ESTILO AFECTIVO INDIFERENTE/ERMITAÑO

Cuando eres transparente para la persona que amas, como si no existieras

¿Has sentido alguna vez que eres como un fantasma en la relación? No te controlan, no te agreden, no te exigen (lo cual suena bien) y tampoco te expresan afecto ni muestran preocupación por tu bienestar (lo cual suena mal). La persona que amas hace exactamente lo que se opone al amor: te ignora. Lo que se contrapone a la experiencia amorosa no es el odio, porque este también atrae, aunque sea para destruir, sino la indiferencia: no existes, tu dolor no le llega, tu angustia no le angustia, tu felicidad no le hace feliz, y así sucesivamente.

En la vida todos nos hemos topado alguna vez con personas que son poco empáticas y comprometidas, distantes, con dificultades para expresar y recibir afecto, encerradas en su territorio, indolentes y distantes al malestar ajeno; en fin, verdaderos ermitaños afectivos. Insisto: no buscan lastimarte con agresiones, simplemente no se involucran, te ignoran.

Estos personajes son casi todos hombres y mantienen un espacio de reserva personal a su alrededor casi impenetrable. La consecuencia de intentar acercarse afectivamente a un sujeto así es altamente dañina para tu salud, pues cada intento de aproximación fallido, cada rechazo, va minando tu autoestima y con el tiempo la depresión empieza a manifestarse. Todas tus energías y recursos cognitivos y emocionales los pusiste al servicio de una meta: que tu pareja despierte y te vea en tu dimensión real, te sienta y se conecte con tu humanidad («¡oye, aquí estoy, existo, respiro, vivo!»).

Una mujer me decía: «Llevo cinco años tratando de que él sea más comunicativo y expresivo. No quiere ir a terapia ni recibir ayuda. Hay días que está bien, pero la mayoría es como si yo fuera un mueble más de la casa. No me ve ni me siente». ¡Cinco años! No faltará quien alabe su tolerancia y la insistencia en tratar de intimar con el hombre que ama. Yo no alabo esta conducta. Y no solo no la aplaudo, sino que la señalo como peligrosa para la integridad psicológica y moral de quien persiste en mantenerse cerca de su verdugo emocional. ¿Cinco años para recibir afecto de tu pareja, de una persona que dice amarte? Eso no es entereza, es testarudez. Es olvidarse de uno y no saber perder. Querida lectora o lector, el amor sano no se exige ni se pide, ocurre.

Piensa: cada vez que te ignora o no entiende lo que necesitas, ¿no te indignas? ¿Es normal? ¿Acaso eres cariñosa? Y entonces, qué haces cuando no hay retroalimentación. Das y das una y otra vez, y no recibes ni siquiera algo similar o parecido a un gesto de cariño. ¿Y no crees que mereces la ternura, la caricia, el abrazo, el beso, que se niega? ¿Renunciaste a todo esto porque lo amas o la amas? Es paradójico, ¿verdad? Renunciar al amor por amor. Una cosa es comprender, y otra, justificar. Una cosa es tratar de comprender al sujeto que tenemos enfrente y otra es hacer a un lado los principios. ¿Qué principios? Que te traten con dignidad, que te escuchen de verdad, que se interesen por tu persona, y la lista sigue. ¿Negociaste acaso lo innegociable?

Los individuos con este estilo pueden funcionar en el plano social, ir al cine, tener conocidos, salir a un restaurante, ir a un concierto, tener sexo... La dificultad aparece en la intimidad emocional. La pareja se vuelve una compañía, pero sin dejarla entrar en su mundo interior. El pensamiento clave que lo orienta es: «Un compromiso emocional me quitaría autonomía». Y aquí viene otra paradoja: si la idea del estilo indiferente es no involucrarse, no dejarse absorber por los sentimientos, en cuanto sientan que se están enamorando más querrán desenamorase. Entonces, como si amar fuera una fogata fuera de control, no se acercan demasiado para no quemarse y perder la libertad.

Te pregunto: ¿qué diablos haces allí, batallando con esa maraña de pensamientos esquizoides que te transmite tu pareja? ¿Esperas sacarla de su aislamiento y volverla una persona sentimental y adorada? No lo lograrás, lo siento. No malgastes fuerzas. Uno no debe, sobre todo en el amor, convencer al otro de lo obvio: «¡Escúchame, por favor, necesito que me quieras como yo te quiero!».

Abusar de la permisividad o la tolerancia no te conducirá a nada bueno. ¿Por qué deberías soportar lo insoportable? Porque si alguien duda de que te ama, no te ama; y si no te quiere bien o su amor es incompleto, mereces algo mejor. Quizá te enseñaron que un vínculo estable es para toda la vida. Y yo estoy de acuerdo, siempre y cuando el vínculo sea funcional, no atente contra tus derechos y no obstaculice tu autorrealización ni tus principios. El amor inconcluso de los indiferentes es una ofensa, un desaire a tu condición humana y es la muestra clara de que un afecto desequilibrado es insostenible. Te dejo con otra poesía de Jaques Prévert que muestra la crudeza de la indiferencia:

Desayuno

Echó el café
En la taza
Echó leche
En la taza de café
Echó azúcar
En el café con leche
Con la cucharilla
Lo removió
Bebió el café con leche
Dejó la taza
Sin hablarme
Encendió
Un cigarrillo
Hizo aros
Con el humo
Echó la ceniza
En el cenicero
Sin hablarme
Sin mirarme
Se levantó
Se puso
El sombrero
Se puso
La capa de lluvia

Porque llovía
Y se fue
Bajo la lluvia
Sin una palabra
Sin mirarme
Y yo tomé
Mi rostro entre las manos

ESTILO AFECTIVO NARCISISTA Y DOS DE SUS VARIACIONES

Cuando tu pareja cree que es el centro del universo y tú un satélite que gira a su alrededor

¿Has sentido alguna vez que eres definitivamente insuficiente para el ser que amas? ¿Que hagas lo que hagas, siempre estarás ocupando un puesto por debajo y por detrás de su ego? Si es así, estás bajo los dominios o la potestad de un sujeto narcisista.

La expresión *narcisismo* proviene de Narciso, un hermoso joven que es descrito en la mitología griega, quien, al ver su bello rostro reflejado en el agua de un estanque, quedó embelesado por su propia imagen. Tanta fue la fascinación, que Narciso no pudo dejar de mirarse a sí mismo. Incapaz de resistir su propia belleza, finalmente se tiró al agua y murió. En aquel lugar nació una hermosa flor que hoy conocemos con el nombre de narciso. Aunque tanto hombres como mujeres pueden presentar rasgos narcisistas, las investigaciones dejan claro que es bastante más frecuente en los hombres. La Real Academia de la Lengua lo define como: «Persona que cuida en exceso de su aspecto físico o que tiene un alto concepto de sí misma». Los psicólogos diríamos que estas personas poseen una admiración excesiva por sí mismas, por su aspecto físico y por sus dotes o cualidades.

De manera similar a lo que sucede con los estilos antes señalados, es muy difícil establecer una relación de pareja con alguien narcisista y mantener la salud mental. Cuando te atrape en su telaraña de autoexaltación, salirse será como hacerlo de un mal hechizo, y si eres una persona dependiente o afectivamente frágil, peor aún. Las tres fases que sigue en sus conquistas son: seducción (atrapa a sus víctimas a través de su atracción), invalidación (menosprecio y control de la pareja al extremo de humillarla) y alejamiento (ruptura inesperada y sin conmiseración de ningún tipo).

¿Cómo amar sanamente a quien no tiene espacio interior para recibirte y dejarte entrar en su mente, porque llenó todo su ser con su propio yo? Cuando te enganchas con un personaje de estos, debes enfrentar y acomodarte a un conjunto de características imposibles de sobrellevar sin lastimarte: la grandiosidad, la necesidad de admiración, la incapacidad para empatizar con tus sentimientos, las fantasías de éxito, creerse superior a los demás, pensar que las reglas son para otros porque son inferiores, una envidia furibunda hacia la gente exitosa, actitudes arrogantes y soberbias, y la lista sigue. Si persistes testarudamente en mantenerte a su lado, poco a poco empezarás a cambiar tu esencia y los valores que te determinan. La persona que amas se parecerá cada vez a más a un vampiro emocional y tú, «por amor», te entregarás ciegamente.

Cada vez que intentes llegar a él o a ella, abrir tu corazón y fortalecer la intimidad, te encontrarás, al menos, con tres obstáculos muy complicados de superar: egoísmo («no me gusta compartir, lo quiero todo para mí»), egolatría («me amo tanto a mí mismo, que tu amor es prescindible y a veces me sobra») y egocentrismo («soy el centro del universo: todo gira a mi alrededor y tú también»). ¡Imposible penetrar un ego tan descomunal! A la personalidad narcisista/arrogante no le interesa ser amada por ti ni por nadie, lo que desea es acumular fans.

A raíz de lo anterior, el rechazo que sentirás es inevitable. Descubrirás con tristeza que la única manera de estar con él o con ella es quedar siempre a su sombra, rindiéndole pleitesía. Todo lo que alimente su ego será bienvenido. Esta es la razón por la cual el narcisista espera que su pareja aporte belleza, inteligencia o cualquier otra cualidad a la relación que pueda engrandecerlo aún más. Dicho de otra forma: la estrategia preferida de estos sujetos es la explotación interpersonal y sacar provecho de su compañera o compañero sentimental de alguna manera.

No obstante, pese al panorama tétrico anterior, el narcisista tiene un talón de Aquiles: el miedo a la crítica. Cuando pide ayuda profesional, el motivo de consulta suele ser la depresión por no sentirse admirado lo suficiente. Si el prestigio, el poder o la posición social empiezan a tambalear, se viene abajo.

Perseverar con una persona narcisista buscando que cambie o que tome consciencia de que «te ama y no se había dado cuenta» es inútil, además de ingenuo, ya que hagas lo que hagas no llegarás a su núcleo emocional. La definición de *relación tóxica* es la unión entre un estilo narcisista/egocéntrico con un estilo dependiente/débil. Si bien la adulación y la actitud reverencial refuerzan en el primero la percepción de superioridad, lo paradójico es que después de un tiempo, la sumisión de su pareja al narcisista le producirá fastidio, le faltará al respeto y abusará de ella. Un abuso psicológico o físico sustentado en un pensamiento cruel: «Yo merezco a una persona mejor, menos cobarde». Y su pareja, al ser dócil y manejable, descubrirá con asombro que generó precisamente aquello que quería evitar: la ruptura y el adiós definitivo. La obediencia siempre es un arma de doble filo, especialmente si no discrimina cuándo y cómo la dignidad personal está en juego.

¿Quieres que te amen de verdad o que te hagan el favor de estar contigo? Las mujeres que llevan mucho tiempo a los pies de un narcisista/arrogante se apagan, se secan como un árbol que ya no tiene savia. Es agotador estar toda la vida buscando que te brinden un afecto honesto y equilibrado, cuando el otro anda por las nubes. Un día cualquiera, y espero que sea pronto, te mirarás al espejo y no te reconocerás, descubrirás con tristeza que ya no eres la misma. Y entonces, si todo sale bien, algo tirará de tu humanidad. Te susurrará por lo bajo: «¿Qué carajo haces con él? ¿No estás harta? ¡Vámonos de aquí, escapemos lejos!». Y como dije antes, entenderás hasta con los huesos que el amor no se ruega ni se pide, ni se compra ni se vende, ocurre y después lo vas construyendo a tu manera. ¿Qué haces persiguiendo a alguien que se cree un dios del Olimpo? Sálvate, ámate hasta reventar y empieza a transitar otro camino.

Si te acoplas mucho a tu media naranjaególatra, desaparecerás en ella. Te chupará como un agujero negro. La absorción afectiva existe; no obstante, te quiero dar una voz de aliento: *siempre podrás salir al mundo libre y sacudirte de los lavados cerebrales que te hicieron si conviertes esta motivación en tu impuso vital de crecimiento.* En ti habita un guerrero o una guerrera que no está dispuesto o dispuesta a ceder. Me refiero a un valor no negociable que eleva tu humanidad, se llama *amor propio.*

Veamos dos subtipos que se desprenden del estilo narcisista/egocéntrico o lo acompañan a veces: el del *gaslighting* y el narcisismo *covert* o encubierto. La idea es que te anticipes a ellos y no empieces ingenuamente a soñar con milagros. El verdadero milagro es que te hagas cargo de tu persona sin esperar el visto bueno de nadie.

Gaslighting: la manipulación maligna

Este término proviene de la obra teatral *Gaslighting* o *Gas Light* (*Luz de gas*, 1938), de Patrick Hamilton, que relata la historia de un hombre que trataba de convencer a su esposa de que estaba loca para quedarse con su dinero y evitar que se descubriera su oscuro pasado. Para ello, él hacía desaparecer ciertas pertenencias, le mentía y le decía permanentemente que estaba demente y la amenazaba con llevarla a un psiquiatra. También atenuaba las luces de gas de las lámparas, haciéndole creer que brillaban con la misma intensidad. La mujer empezó realmente a creer que podía estar loca y que su memoria no funcionaba bien. La obra tuvo tal éxito que en 1940 fue adaptada al cine en Inglaterra y luego, en 1944, en Estados Unidos, donde Ingrid Bergman obtuvo en 1945 el Óscar a la mejor actriz por su interpretación en la película *Luz que agoniza* (George Cukor).

El *gaslighting* es aceptado hoy en terapia como una forma de abuso y manipulación psicológica en la cual se intenta hacer creer a la otra persona que perdió contacto con la realidad y que aquello que recuerda y percibe es producto de su imaginación y no sucedió. Es decir, la estrategia pretende confundir a su pareja de tal manera que empiece a dudar de si está en sus cabales o no.

Por lo general, esta forma de abuso es practicada por sujetos narcisistas que también poseen rasgos psicopáticos. Veamos algunos ejemplos. Supongamos que tuviste una discusión el día anterior con tu pareja y quieres retomar el tema. El sujeto que practica *gaslighting* podría responder: «¿Ayer? ¿De qué discusión me hablas?». Si te ofuscas, levantas la voz y preguntas con indignación si te está tomando el pelo, el sujeto podría responder con aparente preocupación: «¿Te sientes mal? Cálmate. Últimamente estás perdiendo mucho el control». Cinismo, descaro, y, además, de frente.

O pueden haber quedado en hacer juntos determinada cosa y él o ella no asume el compromiso llegado el momento, y cuando le recriminas con razón su falta de palabra, es posible que comente: «¿Yo? ¿Cuándo quedamos en eso? No lo recuerdo». Niega el pasado, y con tanta seguridad que ya no sabes qué pensar.

En otro caso, cuando le recuerdas y reclamas por la infidelidad que ocurrió en alguna ocasión, negará que tal cosa haya sucedido, aunque lo haya reconocido antes. Podría decir: «Solo era una amiga, te lo he explicado cien veces». Y si entras en el juego de utilizar la lógica y la razón, te manifestará que eso nunca ocurrió. Y si además te dejas llevar por la rabia, te dirá que lo estás agrediendo con la intención de desviarte del tema central. No te extrañe que también comente a otras personas en tu ausencia que últimamente estás muy agresiva.

Una clave para que tengas en cuenta: el estilo narcisista del *gaslighting* siempre niega la premisa mayor. La evidencia no será asumida. El narcisista construirá una verdad paralela, una especie de posverdad afectiva, que te hará vacilar una y otra vez.

Si hicieron el amor y disfrutaron mucho hace algunos días y tú se lo recuerdas, te dirá que eso fue hace un mes o que aquel día dijiste que no te habías sentido bien. Una señora me comentaba respecto a su marido: «Estábamos en una fiesta y él empezó a molestar a un vecino diciéndole sandeces de todo tipo. Eso fue creciendo y el hombre le respondió que lo dejara en paz. Mi esposo lo empujó y el otro se cayó al suelo. Luego, el vecino se levantó y le pegó un puñetazo y él le respondió con una patada. Finalmente la gente los separó. Mi marido, agarrándose el ojo, empezó a exclamar que no sabía por qué diablos lo había atacado el otro. Todo esto ocurrió delante de mí. Unos días después intenté hablar de lo ocurrido y él, aun sabiendo que yo había estado presente, me contó una historia totalmente distinta. Cuando le dije que estaba distorsionando los hechos, me respondió que yo me pasaba la vida inventado cosas, que no estaba bien de la cabeza y debía visitar un psicólogo. Por eso estoy aquí».

La cuestión puede volverse más sutil o más evidente, lo importante es que si la manipulación se sostiene en el tiempo, podría convertirse en un verdadero lavado cerebral. Oír hasta el cansancio: «Tú no estás bien de la cabeza» termina por generar dudas sobre si uno está en lo cierto o no.

Las víctimas de esta manipulación también comienzan a sentirse culpables por algo que se supone que hicieron o que hacen mal. Una joven me contaba con mucha angustia: «No soporto que mi novio me ignore cuando tenemos una discusión. Yo sé que me castiga con eso, pero para mí es terrible... Así que le pido perdón, aunque yo no tenga la culpa, para que vuelva a ser amable conmigo». La táctica de manipulación utilizada por el novio y por muchos narcisistas se conoce como *silencio punitivo*.

Algunas mujeres vinculadas sentimentalmente a hombres que practican el *gaslighting* me comentan que a los pocos meses de matrimonio empezaron a sentir cierta fragmentación y desorientación en su manera de ser. Aparecen miedos nuevos y se incrementa la dependencia. El mensaje que se fue inculcando es el siguiente: «Sola no eres capaz de enfrentar la vida. Eres más débil de lo que creías. Yo seré tu guía».

Recapitulemos. El paquete del manipulador maligno narcisista está compuesto de varias maniobras cognitivas y chantajes emocionales. Solo comentaré algunas frases típicas del *gaslighting* que conducen al sometimiento de la otra persona:

- «¿Qué dices? Eso nunca sucedió. Estás imaginando cosas».
- «¡Por Dios! ¡Cada vez eres más sensible! ¡Cualquier cosa te afecta!».
- «Tienes que pedir consulta a un neurólogo o psiquiatra. Algo le pasa a tu memoria».
- «No estás bien de la cabeza y no soy el único que lo piensa. ¿Eres consciente de esto?».

- «Siento mucho haberte lastimado. Perdóname, no volverá a pasar» (y sigue pasando).
- «Tú me conoces, mi amor, deberías haber sabido cómo reaccionaría. Eres tú quien pone el dedo en la llaga».
- «Pienso que sería mejor si te aíslas por unos días y no interactúas con la gente. Eso te hace daño».

En ocasiones, la manipulación está planeada de tal manera que es casi imposible darse cuenta debido a la confusión que genera. Podríamos llamarlo «el crimen perfecto emocional». Una paciente me narraba la siguiente historia. El marido le había sugerido un vestido para ir a un coctel con muchísima insistencia. Al llegar al sitio, ella se dio cuenta de que era la peor vestida para la ocasión. Todo era superelegante. Al día siguiente, mientras desayunaban, su esposo le dijo que ella lo había avergonzado en público y con la gente de la empresa donde trabajaba. Le hizo hincapié en que no tenía gusto ni clase para vestirse y comportarse con gente de ese nivel. La mujer, sorprendida por el comentario, intentó hacerlo entrar en razón recordándole que él era quien había sugerido e insistido que fuera vestida de esa manera, a lo cual el hombre respondió: «Eso es lo que no me gusta de ti. Te dejas convencer muy fácilmente. No tienes personalidad para decirme que no. Si yo me equivoco, tú me deberías hacer caer en la cuenta. Si no te apoya tu pareja, ¿quién?». Muy difícil de manejar, ¿verdad? Podrías afirmar que tú en su lugar simplemente lo mandarías al diablo, pero no te olvides de que ella está en el ojo del huracán y hay toda una historia de hechos similares en la relación que la condicionan.

Analiza: resulta que ella es la culpable de querer darle el gusto a su marido por ponerse ese vestido. Y al quedar mal en la reunión, el que queda mal es él y ella es la responsable de lo ocurrido. O sea, la jugada fue revictimizar a la víctima y convertir al inocente en culpable. Diga lo que diga esta mujer, será utilizado en su contra. La confusión que se vive desde dentro de una situación así, con alguien que es perverso en el día a día, desubica a cualquiera, y más si hay amor por parte de la pareja abusada. ¿Cómo pensar que la persona a la que se ama es mala y lo hace a propósito? ¿Qué hizo mi paciente? Lo de siempre, pedir perdón. Y aún sigue haciéndolo.

Un trastorno sumado a la inseguridad, la baja autoestima, la ansiedad y el estrés de la persona que cayó en la trampa del *gaslighting* es la alteración de la propia identidad: «Me perdí a mí mismo [o a mí misma], y no me encuentro». ¿Habrá algo peor que no reconocerte o no saber para dónde vas?

El *gaslighting* siempre querrá destruirte para obtener algún beneficio emocional, económico o simplemente para obtener el poder por el poder. No dejes que penetre en tu mente. Conéctate a tu memoria de manera racional, tú sabes cuáles son tus sentimientos y tus pensamientos mejor que nadie. Deja siempre un pie en la realidad, en lo que eres. Sin tu consentimiento nadie puede arrastrarte a la despersonalización.

Si un narcisista de estos quisiera atacar tu racionalidad y ejercer sobre ti un dominio esclavizante e indigno, ¿qué deberías hacer? Echar a un lado el amor enfermizo que sientes por tu victimario (cuestionarlo, negarlo, pelear contra ese sentimiento o luchar), retomar tu autonomía con toda la convicción que tengas disponible, no renunciar a tu identidad bajo ningún concepto, hacerte cargo de tu persona y, de ser posible, denunciar al malnacido. A la táctica concreta de manipulación del *gaslighting*, la mejor respuesta es: «¡No te creo! No le vienes bien a mi vida, me sobras, eres un obstáculo para mi crecimiento. Guárdate tus críticas en el bolsillo porque no te haré caso. Si estoy demente, ese es mi problema. Me voy, salgo de la cárcel que construiste a mi alrededor. Y me importa un rábano si estás bien o mal, solo serás un mal recuerdo que irá desvaneciéndose con el paso del tiempo». Si eres capaz de decir esto, la «luz de gas» se apagará para siempre.

El narcisista encubierto

Un narcisista encubierto o *covert* es un narcisista «escondido». No se expresa como lo hacen los «abiertos» sobre su grandiosidad, ni sobre su necesidad de que lo admiren, ni dará por sentado que es un ser especial. Todo esto ocurrirá en su interior y se mostrará ante los demás de una manera totalmente opuesta: amable, solidario, tolerante, etcétera. Pero en su mente tendrá lugar una contradicción irresoluble, porque junto a sus fantasías de éxito y egolatría habrá un lado hipersensible y frágil.

Las características del narcisismo *covert* son el silencio punitivo, evitar la crítica a toda costa, la envidia a la enésima potencia, una humildad y empatía falsas, la enorme desconfianza (vigilancia exacerbada) y la inmadurez emocional. Insisto: todo tratando de disimularlo.

Las parejas de estos personajes no suelen sospechar de

lo que se oculta detrás de su manera de ser. Repito: no tendrá los gestos y expresiones del narcisista normal, incluso pude decir cosas como «no lo merezco», si recibe un premio o un halago, o «debo encontrarme a mí mismo» si se aleja de la pareja. Como un camaleón, se adapta a las normas y códigos sociales y en apariencia asume el «respetar a otros» y «ser solidario», aunque el prójimo le importe un rábano. Todo es una trampa para sacarle provecho a la gente que lo rodea o a la pareja en turno. Un dato para que tengas cuidado: a primera vista pueden parecer encantadores, decentes y vulnerables, y con ello pueden activar tu instinto maternal.

Los libros especializados señalan cinco rasgos, aunque no siempre es fácil para una persona común detectarlos: 1) el sujeto observa más de lo que actúa, 2) no entiende las necesidades de los demás, 3) sufre de ensimismamiento (egocentrismo retraído), 4) da respuestas inmaduras y 5) presenta una humildad falsa.

Pero no te preocupes, si eres la pareja de un sujeto así, lo descubrirás en la intimidad, porque se cansa de usar máscaras y en más de una ocasión asoma su verdadero yo. Cuanto más cerca estés de la persona narcisista *covert*, más probabilidades hay de que se le noten comportamientos «sospechosos». Es un lobo con piel de cordero. Sin embargo, el lobo lanzará algún aullido o asomará una pata o mostrará los dientes. *Debes estar atenta a sus contradicciones.* Por ejemplo, cuando hagas algo que no le guste, te criticará menospreciándote, al mismo tiempo que te dará un beso.

Si ves, por ejemplo, que de pronto su «gran solidaridad» se convierte en egoísmo; si tiene «ataques» de egocentrismo y solo habla de sí mismo; si es muy bueno recibiendo afecto, pero no dándolo; si tiende a veces a menospreciar a ciertas personas por «ser menos»; si te pide ayuda y se muestra desamparado, y a los pocos minutos se muestra contento como si nada hubiera pasado; si te dice que acepta gustoso alguna actividad y después te comenta que esa actividad nunca le gustó... En fin, la lista es larga y tu clave es la observación cuando se quita la piel de cordero. A veces, un profesional con experiencia puede ayudarte a tomar decisiones y confirmar con qué tipo de pareja estás.

Te darás cuenta porque pensarás que tu pareja actúa como si tuviera dos personalidades. Unos años atrás, en algunos países de Latinoamérica, las abuelitas describían a sus parejas con un dicho que muestra muy bien al estilo encubierto: «Luz de la calle, oscuridad de su casa». Esas inconsistencias en la manera de ser también se verán reflejadas contigo: se le escaparán comentarios con los que quiera dejar sentado que eres afortunada por estar con él, cuando al mismo tiempo te dice que eres una persona increíble; pero finalmente la sensación que te queda es como si el mensaje fuera: «Eres tan increíble que por eso me tienes a mí, por eso me mereces». Siempre tendrá el trípode narcisista: egoísmo, egocentrismo y egolatría latente y vigente, solo hay que estar pendiente hasta que aparezca, porque nadie aguanta tanto tiempo desempeñando un papel. *Desde mi punto de vista es una mutación del narcisismo natural o «normal» que conocemos, tratando de adaptarse a una sociedad que los rechaza.*

Hay un dato más que debes tener en cuenta: la confianza. Si estás con un depredador encubierto, no es recomendable tener confianza plena en él. Confía más en tus instintos que en sus palabras. Insisto: tu mente verá cosas que no le cuadran, su conducta no será tan congruente con lo que manifiesta.

¿Qué hacer? Recuerda el título de esta sección: «Personas de las cuales sería mejor no enamorarte». Si ya caíste en el amor hacia una persona así, mi propuesta es retirarte, que sufras lo que tengas que sufrir y elabores el duelo.

Cuando vea tu decisión de dejarlo, tratará de doblegarte emocionalmente y que te resignes a ser un esclavo o esclava feliz. Intentará que olvides que giras a su alrededor, tratará de hacerte sentir importante y libre, aunque no lo seas. Muchos de sus comportamientos serán pasivo-agresivos, estilo que describiré en el próximo apartado.

Para que te quede como premisa: *el narcisista encubierto se acerca a las personas mediante la estrategia del engaño. Parece encantador con los demás, cuando lo que en realidad busca es su propio beneficio en cada relación. Es controlador, poco empático y desconfiado. Y, ojo, en todo narcisista encubierto hay un toque de psicopatía.*

En algunos casos no es fácil separar un narcisista que practica el *gaslighting* de un narcisista «normal» y de un *covert*. Más aun, a veces aparecen mezclados. Lo importante es que, se presenten como se presenten, nunca son convenientes, no le vienen bien a tu vida, y con eso basta.

ESTILO AFECTIVO PASIVO-AGRESIVO O «SUBVERSIVO»

La desconcertante sensación de que tu pareja te ama y te rechaza al mismo tiempo

Si alguien tuvo la mala suerte de convivir con un pasivo-agresivo, sabe lo angustiante que puede resultar la convivencia diaria. Estas personas sacan de control al más cuerdo y mesurado. Ponen a prueba la mayor de las paciencias. Para que te hagas una idea, es más o menos como vivir con una versión desmejorada de Gandhi, que si bien su estilo sirvió para sacar a los ingleses de la India, no sirve para establecer una relación afectiva plena y saludable. No serías capaz de manejar sus tácticas y la manera de dejar sentada una inconformidad.

El pasivo-agresivo es una persona que por diversas razones creó un conflicto profundo con la autoridad y no fue capaz de solucionarlo. Cuando hablo de autoridad no me refiero necesariamente al comportamiento dogmático e impositivo que ejerce el poder de manera abusiva (autocráticamente), sino a los modelos de protección que se convierten en referentes, como, por ejemplo, la persona que sabe mucho, la eficiente, la cuidadora, la que ama por encima de todo, etcétera. Es decir, el conflicto se genera ante cualquiera que se convierta o represente el papel de una «señal de seguridad». El dilema es este: «Necesito los beneficios que otorgan las personas con autoridad, pero quiero mantener la autonomía». El famoso y tétrico: «Ni contigo ni sin ti», que tiene su origen en el escrito de Antonio Machado: «Ni contigo ni sin ti, tienen mis penas remedio; contigo porque me matas y sin ti porque me muero».

Al igual que el niño atrapado entre la figura de apego y el sentimiento ineludible de libertad *(detachment)*, el pasivo-agresivo se debate entre los límites de un viejo dilema infantil aún sin resolver. Cuando accede a la «orden» o a la indicación de la persona que ejerce el poder, lo hace de mala gana, de manera ineficiente, con lentitud y numerosos errores. Como si dijera: «Ya que no soy capaz de escapar, me rebelo contra el estatus de manera pasiva, todo lo hago mal». Suele ser común que entre con frecuencia en una «operación tortuga». Si debe barrer y no quiere, lo hará mal y con displicencia, y si debe pagar el recibo de la luz y cree que eso implica someterse, se atrasará, y si cortan la luz, mejor. Dirá: «Se me olvidó». Lo paradójico de esa manera de rebelarse es que si le quitas la orientación o la guía que le otorga la autoridad en turno, se sentirá rechazado. Nada le viene bien.

A diferencia del dependiente, que se inclina ante su protector, o del indiferente, que se aleja totalmente de las manifestaciones de afecto, el pasivo-agresivo opta por quedar bien con Dios y con el diablo: no quiere renunciar a ninguna de las dos cosas, las ventajas de la autoridad y las ventajas de la libertad. Así, reglas, normas, sugerencias y consejos de la pareja son vistos por el pasivo-agresivo como restricciones intolerables y, sin embargo, cuando su media naranja le propone una relación independiente, la vivirá como abandono.

Piensa: ¿estás metido o metida en un enredo como este? De ser así, ¿qué estás esperando? ¡Aléjate! La única solución de escapar de la influencia de un sujeto con este estilo es que te ocupes de tu propio ser y no del que adoptaste. Pero si te quedas e insistes en «curarlo», podrías fácilmente caer en una relación de codependencia. Empezará a generarte irritabilidad y fatiga crónica.

Recuerda: el estilo pasivo-agresivo complace superficialmente, pero no sustancialmente. Colabora en cámara lenta, posterga y olvida a propósito como un acto de protesta y para castigarte, ya que no eres capaz de satisfacerlo.

Una de mis pacientes me decía: «Cuando le pido que me traiga azúcar morena, me la trae blanca... Si le pido un favor, él pone las condiciones de dónde, cuándo y cómo hacerlo, sin importarle mis necesidades reales. Me pide consejo sobre qué ropa ponerse, para luego hacer lo contrario. Cualquier cosa que sea darme gusto es un problema. Dice que me quiere, pero le da rabia depender de mí». La única manera en la que sabe y puede relacionarse con las personas, pareja incluida, es subvirtiendo el sistema y saboteando a escondidas el orden interpersonal establecido.

PARTE IV

¿QUÉ HACEN LAS PAREJAS QUE FUNCIONAN BIEN?

Empecemos con esta poesía del premio Nobel de Italia Eugenio Montale, que de manera sencilla nos llega al alma. Lo comprendemos sin necesidad de pensar demasiado, porque quizá, dadas ciertas condiciones, pensaríamos o haríamos lo mismo que Montale: «Perderte me hunde en una nostalgia interminable acompañada de un dolor que nunca me dejará, ni quiero que me deje».

De tu brazo he bajado por lo menos
un millón de escaleras
y ahora que no estás, cada escalón es un vacío.
También así de breve fue nuestro largo viaje.
El mío aún continúa, mas ya no necesito
los trasbordos, los asientos reservados,
las trampas, los oprobios de quien cree
que lo que vemos es la realidad.
He bajado millones de escaleras dándote el brazo
y no porque cuatro ojos puedan ver más que dos.
Contigo las bajé porque sabía que de ambos
las únicas pupilas verdaderas,
aunque muy empañadas, eran las tuyas.

¿Lo leíste a consciencia? Si no es así, vuelve a hacerlo. ¿Qué te genera? ¿Un sufrimiento vicario? ¿Cómo no ponerse en los zapatos sentimentales del poeta? ¿Cómo no reivindicar las «pupilas verdaderas»? Y no es dependencia ni apego, es la consecuencia afectiva de andar juntos, no fusionados, sino de hacer sonar una maravillosa partitura a cuatro manos. Cuando amas sanamente, compartes la música interior y los sueños con el otro. Estás acompasado o acompasada a un cuerpo, a una respiración, a un aroma. Cuando esto ocurre, bailamos juntos. Envejecer con alguien que le conviene a tu vida es maravilloso; soportar las bodas de titanio (¡setenta y cinco años!) por puro aguante, una tortura y un menoscabo a tu amor propio.

Todos conocemos a personas cuya relación de pareja funciona superbién, aunque no sean mayoría. Integran eros, amistad y *ágape* (afecto, amor). Algo así como hacer el amor con la mejor o el mejor amigo y con ternura (entiéndase adhesión, cariño, simpatía y querencia). En este apartado veremos —según lo que arrojan las encuestas, la evidencia empírica científica disponible y las corrientes psicológicas y filosóficas bien sustentadas— qué factores son los que determinan estar bien con la persona que amamos. El amor es un animal de, al menos, diez patas. Pero con una peculiaridad: aunque tenga muchos puntos de apoyo, si uno solo de ellos no funciona, no se mueve o da tumbos.

Miremos entonces cada uno de estos factores que potencian una buena relación de pareja en detalle: territorialidad, reciprocidad, deseo o atracción, admiración, confianza básica, humor, visión del mundo, desacuerdos amistosos, sensibilidad y entrega, y respeto.

TERRITORIALIDAD

> Las relaciones de pareja funcionales y adaptativas respetan su territorialidad, funcionan con el principio «juntos, pero no revueltos».

No importa lo que digan los fanáticos de la fusión sentimental o los que idolatran a las almas gemelas, cada ser humano tiene un espacio de reserva personal físico y psicológico, y si alguien lo traspasa, se sentirá incómodo o amenazado. Algunos estudios muestran que el primero es de unos cincuenta centímetros de promedio, poco más o menos, según las culturas. Por su parte, el espacio mental se mide por la cantidad de información que me permito entregar o recibir, es decir: hasta qué punto dejo que los demás entren en mi mundo psicológico o en mi intimidad.

Suponemos que en las parejas ese espacio de reserva personal es mínimo e incluso no falta quien diga que la distancia entre una mente y otra debe ser cero. Lo que se pregona y promueve es la existencia de individuos superpuestos por amor: ser uno donde son dos. Sin embargo, la experiencia clínica y los datos muestran que, en este tema, los extremos no funcionan: un vínculo emocional totalmente separado sería imposible de sobrellevar y una relación cuyos miembros estuvieran completamente superpuestos sería asfixiante. El punto medio parece que es el ideal: «Tus libros, mis libros y nuestros libros»; «Tus amigos, mis amigos y nuestros amigos»...

Hay cosas que están hechas para compartir y hay otras que solo están concebidas para uno. ¿Te ocurre que a veces extrañas un poco esa libertad que solo obtienes cuando tu pareja no está? Amar no significa ausencia total de territorialidad, tampoco quiere decir invasión opresiva. Amar no es colonizar al otro o convertirse, como en el caso del estilo controlador, en policía del pensamiento. Es dejar ser.

Hay gente que «por amor» deja que su media naranja se apodere sin consideración de su privacidad. La persona invasora suele decir: «Si me amas de verdad, no debe haber secretos». ¿De verdad? ¿Y si hay cosas que no quieres decir por principio o porque no te da la gana? ¿Deberías acceder a tal intromisión por «amor»? Entonces amar sería ir contra la individualidad. Incluso quienes exigen entrar en la mente de su compañera o compañero sin ningún tipo de obstáculos deberían pensárselo bien antes de intentar semejante incursión. En verdad, no te recomiendo irrumpir a lo loco en la mente de tu amado o amada, ya que podrías encontrar cosas que no te gusten nada o que te provoquen náuseas. Todos guardamos una u otra experiencia de la cual nos avergonzamos, alguna que otra perversión inocente o malvada, algunas telarañas producto del desorden o del descuido, secretos que podrían escandalizar a los que nos rodean o deseos inconfesables y disruptivos. ¿Estarías dispuesto o dispuesta a penetrar en ese mundo ajeno, que además no te pertenece, y correr el riesgo de decepcionarte hasta la médula? Muchas terapias grupales de pareja utilizan entre sus técnicas lo que se conoce como *confesión de corazón abierto* (ponerse cara a cara con su media naranja y soltar toda la información sin recato ni anestesia), y pocas son las que siguen como si nada pasara una vez que se abre la compuerta.

Las buenas relaciones de pareja respetan la territorialidad del otro y la propia, lo que significa respetar la singularidad de cada quien: «Llego hasta donde tú me lo permitas y no me ofendo porque estás en tu derecho».

Creer que el amor justifica la absorción del otro, además de ingenuo, es peligroso. Sin duda, te esclavizarás si la aceptas. Terminarás diciendo: «Haz de mí lo que quieras». Te sentirás poseída o poseído, vivirás para el otro u otra, y te olvidarás de ti.

No negocies tus espacios, defiéndelos a muerte. No tienes la obligación de sacar lo que te pertenece por derecho propio. En lo más profundo de tu ser hay un lugar que solo te pertenece a ti. Sin tu consentimiento nadie puede enterarse de lo que no quieras, y eso no es desamor, es autorrespeto. Tienes la última palabra cuando se trata de tu persona. Repito: «Lo mío, lo tuyo y lo nuestro».

¿Tu relación es simbiótica? De ser así, despégate si quieres sobrevivir como una persona libre. Tiene que haber distancias que te permitan moverte a voluntad, tiempos personales intransferibles que puedas utilizar como mejor te plazca. No pidas permiso para vivir a tu ritmo. Ser uno con la persona que amas es dejar de ser tú.

En las buenas parejas siempre hay un corredor que comunica la esencia de uno con la de la persona a la que ama y al revés. Ida y vuelta. Por ahí transitan los sueños que te determinan a ti y a quien amas. La premisa es la siguiente: «Amar es dejarte entrar en mis sueños y yo entrar a los tuyos, no necesitamos más. Amar es soñar juntos».

RECIPROCIDAD

> Las relaciones de pareja funcionales y adaptativas son recíprocas y equilibradas en el proceso de dar y recibir afecto, sexo, ternura o refuerzos de cualquier tipo.

Nos educaron con la idea de que el amor verdadero no espera nada a cambio. Se trata de dar, y punto. Eso puede ser válido para un amor universal, ese que no tiene remitente ni dirección, pero para los que no somos maestros espirituales ni santos, cuando amas a una persona concreta, con quien intercambias a diario gran parte de tu existencia, es natural que esperes un equilibrio afectivo, emocional y comportamental para sentirte bien. No hablo de ser milimétrico ni de llevar contabilidades, sino de un balance justo (justicia distributiva) en lo fundamental. Obviamente, si la persona que amas está enferma o está pasando por algún problema difícil y realmente la amas, te importará un rábano la retroalimentación. Te guardarás el yo en el bolsillo y ayudarás de la mejor manera posible. Y si la ves sufrir, querrás ponerte en su lugar, aunque su dolor te duela. Aun así, en condiciones normales, si das afecto, esperarás afecto; si deseas a tu pareja, no te resignarás a su frialdad; si te preocupas por ella, querrás que se preocupe por ti; si eres fiel, demandarás fidelidad; si te dicen que no hay dinero y él o ella compra ropa a más no poder, buscarás explicaciones; si respetas sus derechos, aspirarás a que respete los tuyos, y así con todo.

El desequilibrio amoroso genera tristeza, ansiedad, resentimiento y, con el tiempo, desamor. No se trata de un intercambio comercial, como han querido mostrar algunos, sino de una forma básica de «democracia emocional». Relaciones horizontales y no verticales, sin explotación y sin actitudes ventajosas. ¿Acaso podrías vivir satisfactoriamente en pareja si tu compañero o compañera te propone tácita o abiertamente una relación de dominancia o sumisión, en la que ella ejerza el poder sin límites? ¿Aceptarías sin más un vínculo donde todo se incline a favor de la persona que supuestamente amas, tal como ocurre con gente que posee rasgos narcisistas, esquizoides, obsesivos, controladores o psicópatas, entre otros? No, ¿verdad? Sin retribución, el amor se desfigura. En una relación sana no hay reyes ni reinas.

Lo que también debes preguntarte es si tus expectativas son realistas o están contaminadas de cogniciones irracionales o emociones desadaptativas. A veces pedimos cosas imposibles empujados por motivaciones exageradas o fuera de lugar. Por ejemplo, una persona con dependencia emocional podría exigir infinidad de cosas a su pareja para sentirse segura de que nunca será abandonada. Incluso es posible que utilice una especie de «lupa cognitiva» (por ejemplo, la atención focalizada) para analizar y «escanear» de manera exhaustiva todo tipo de conductas, actitudes, gestos, miradas y palabras de su media naranja, tratando de encontrar algún signo de inestabilidad en la relación.

Ten esto claro: si lo que te empuja a establecer una relación equilibrada es el miedo a perder al otro, el resultado siempre será negativo. Un amor sano es sensato, se basa en hechos objetivos, sin adicciones ni temores injustificados. Las obsesiones y el delirio de posesión sobran y alteran cualquier intento de armonía basada en la reciprocidad.

La experiencia afectiva nunca está quieta. Se mueve,

cambia, retrocede, avanza y en ocasiones se escapa de tus manos o de las intenciones de control que puedas tener. No obstante, el buen amor siempre es horizontal, dentro y afuera de la cama, y jamás aceptará ningún tipo de verticalidad. Una relación constructiva y funcional es simétrica y participativa, aunque el egoísmo quiera llevarte a sacar la mejor tajada. Lo unidireccional, lo que excluye, siempre lleva implícito que alguien se aproveche del otro.

DESEO O ATRACCIÓN

En los vínculos afectivos funcionales y adaptativos, las parejas se sienten atraídas el uno por el otro y se desean. Para ellas, las ganas erótico-sexuales son inseparables del amor.

Cuando hablo de atracción en el contexto amoroso no me refiero solo al aspecto físico, sino al erotismo que va más allá de los glúteos, los senos o unos poderosos bíceps. Uno no se enamora de un peroné, una rótula o una tibia. Lo erótico que envuelve el amor se engancha con lo sensual, la fantasía, el juego, el coqueteo, la sonrisa que nos traspasa, la mirada sutil y, especialmente, la personalidad del otro. Erotizamos el virtuosismo, el saber y el arte, entre otras muchas cosas. Según la Real Academia de la Lengua, la palabra *erotismo* significa: «Lo que excita el placer sexual», y en otra acepción: «Cualidad de ciertos hechos y situaciones que estimulan la sensualidad».

La manera de ser, de andar, de reír, de guardar silencio, entre una larga lista, pueden ser excitantes. La potencialidad erótica de tu pareja tiene infinidad de puertas entreabiertas que te sorprenderán si te animas a traspasarlas. Y seguro que tú también las tienes.

El deseo biológico, el que se rige por los ciclos, se activa cada cierto tiempo, pero aquellas relaciones que mantienen el deseo a flor de piel casi de tiempo completo no esperan a que lo fisiológico los empuje, inventan el apetito y lo recrean. Lo hacen juntos empezando por el lenguaje y siguen con el tacto, saben adónde apuntan y se divierten al hacerlo. Para que lo grabes en tu cerebro, no hay eros completo sin humor y diversión: disfrazarse, decirse cosas especiales, imitar a alguien, ver películas, tomar un trago..., en fin, dejar que la fantasía vuele y montarse en ella.

Una señora, bastante acartonada, me comentaba que cuando tenía sexo con su marido, con la mano derecha tomaba a escondidas un rosario que guardaba bajo el colchón y, a medida que rezaba, le entregaba el «sacrifico» de estar sexualmente con su marido a los niños pobres no recuerdo de dónde. Cuando en otra consulta le pregunté al hombre cómo eran sus relaciones sexuales con su mujer, me respondió que mejores no podían ser, que su esposa era insaciable y cosas por el estilo. ¿Él no se daba cuenta? ¿Estaba tan ensimismado en su ego que no se permitía ver lo obvio? La mujer nunca disimuló un orgasmo ni jamás tuvo uno. Hay gente que se masturba cuando hace el amor con su pareja, como si esta fuera un vibrador humano; nunca establecen contacto con la humanidad de su compañera o compañero, ni siquiera en la cama. Quizá el orgullo narcisista del señor bloqueaba la información que la mujer le hacía llegar de diversos modos: «No me interesa el sexo ni me gusta». Él terminaba el acto con una eyaculación y ella lo hacía con un rezo.

Tu postre preferido

¿Quieres saber cómo deberías ver sexualmente a tu pareja para que el erotismo no disminuya? Como tu postre preferido. Supongamos que ese postre fuera el tiramisú, porque te encanta la crema mezclada con el café. Un día cualquiera pierdes el control y dices que te comerás tres porciones gigantes. Lo más seguro, si no enfermas, es que te empalagues y que si al otro día y al siguiente te dicen que comas más tiramisú, digas que no con cara de desagrado. Pero, y aquí vine lo importante, al tercer o cuarto día te ponen una nueva porción enfrente y te lo comes con la misma avidez de siempre. Disfrutarás al saborearlo nuevamente y es muy probable que te siga gustando mientras vivas.

Comunicarse por encima de todo

Por mi experiencia clínica y la de muchos colegas, la mejor manera de mantener vivo el deseo es hablar de ello. Comunicación abierta y sin vergüenza sobre el tema. Esa sería una prueba interesante para saber si son compatibles, sexualmente hablando, el uno con el otro.

En una ocasión, una pareja llegó a mi consulta por la frialdad que sentían en el área sexual. Según la mujer, él era «insulso», y según el hombre, su esposa era un «témpano de hielo». Cuando hablé a solas con ella y le pregunté qué fantasía erótica tenía y le gustaría llevar a cabo con su marido, me dijo que era tiempo perdido, que su esposo nunca se prestaría a esas cosas, y me habló del mundo *swinger*, de que le gustaría salir sin ropa interior, de hacer un trío, de hacer el amor desnudos en una playa y que los vieran, en fin, de témpano no tenía nada. Cuando después hablé con el señor, me dijo que le gustaría practicar el *swinger*, que le excitaba mucho que los demás los vieran haciendo el amor, que siempre había soñado con hacer un trío y que le encantaría que ella saliera liviana de ropa, todo esto sin yo abrir la boca. En otra reunión hablamos los tres y yo fui nombrando las fantasías mientras ellos debían decir si estaban de acuerdo o no en un papel, sin que el otro pudiera ver las respuestas. Al terminar intercambié los escritos. Ambos habían coincidido con un sí grande como una casa en todo. Me hubiera gustado grabar la cara de sorpresa y de felicidad que pusieron al mismo tiempo. Volvieron después de un año por una cuestión con un hijo y cuando les pregunté cómo iba su vida erótica, me dijeron que ya estaban a nivel de posgrado. Y recordaron que, en aquella consulta donde compartieron sus fantasías sexuales, fue como si se hubieran visto por primera vez. ¿Qué les faltaba? Comunicación. Quizá pienses que si le cuentas a tu pareja tus «locuras», esta te evaluará negativamente; sin embargo, en la mayoría de los casos no pasa nada. Se trata de acomodar y cambiar unas cosas por otras. La coincidencia total, como el caso que relaté, es poco común y, sin embargo, suele darse.

Pero también debes prepararte por si tu pareja se escandaliza, te evalúa como un degenerado o una mujer fácil, o simplemente le da un ataque de celos. Si alguna de estas situaciones se diera, no se pasó la prueba de compatibilidad sexual y, aunque duela, ¿no es mejor saberlo? Realismo, realismo, realismo. Siempre tienen la oportunidad de acudir a un buen terapeuta de pareja que además sea sexólogo.

Recuerdo a un señor que había asistido a mi consulta porque su señora le había dicho que no se sentía satisfecha sexualmente con él. Me lanzó de entrada: «Vengo porque mi señora de tanto ver la televisión y meterse en las redes, tiene el concepto de que estar en pareja es pasar en la cama todo el tiempo. Yo no pienso así. Soy más moderado que ella y creo que hay cosas más importantes que estar teniendo sexo desaforadamente como si fuéramos animalitos». Cuando más adelante le pregunté si había tenido fantasías sexuales de algún tipo, respondió: «¿Lo ve? Analice su pregunta. Si yo tuviera "fantasías sexuales", como usted las llama, mi mujer no me bastaría». Le dije que podía incluir a su esposa en algún juego, si ella estuviera de acuerdo. «¡Definitivamente, usted cree que soy como un animal!», afirmó con rabia. Entonces le comenté lo siguiente: «Estoy de acuerdo con usted. ¡Los animales no tienen fantasías sexuales! Eso es un patrimonio de los humanos...». Nunca más volvió.

Una relación completa, al menos en lo fundamental necesita de: 1) deseo o erotismo; 2) amistad y compañerismo, y 3) cuidado y ternura por el otro. Si falta uno de estos elementos, toda la relación se desorganiza, el amor anda cojo o deja de serlo. Esto demuestra que, si bien el erotismo es una condición necesaria, no es suficiente. Para que el vínculo afectivo prospere es imposible prescindir de él si quieres seguir en pareja.

Tres reflexiones te pueden servir para comprender tu sexualidad y mejorarla.

1. *Feliz cambio de consorte.* En más de una ocasión, me pasó lo siguiente en consulta. Llega una pareja y la

mujer me dice que su esposo siempre ha sido demasiado frío y aburrido en la cama. El hombre solo mira hacia abajo, como un niño al que regañas. Luego recibo a una pareja distinta, y él afirma que su mujer es fría y aburrida en la cama. La mujer solo mira hacia abajo, como una niña a la que regañas. Y tras terminar ambas sesiones, se me antoja llamarlos de nuevo a los cuatro y proponerles un feliz cambio de consortes: fogosos con fogosos y fríos con fríos. Todo iría mejor. Claro que solo lo imagino, pero me hace pensar: ¿no sabían cuando se casaron cómo era su pareja? Además, los «regañados» también deben de estar hartos de los «hipersexuales». ¿Qué pasó? Probablemente confiaron demasiado en aquellas dos premisas que han hecho tanto daño: «Mientras haya amor todo se puede» o «El amor hará que esto funcione». Eros, para que funcione, necesita más que sentimientos.

2. *Poscoito, más que coito.* Donde más aflora el amor y sus manifestaciones no es tanto en el coito (que más bien nos revuelca), sino en el poscoito (que nos pone a pensar). Cuando estás con tu pareja literalmente desnudo, tras haber sentido el placer de su cuerpo, cuando desfogaste tu energía en la tormenta del clímax, llega la calma. Ya la mente se liberó y entonces te encuentras con la persona asexuada, el ser humano libre de ganas. Y empieza la conversación. El origen latino de la palabra *conversar (conversare)* significa «vivir dando vueltas, estando juntos» o «moverse juntos», es decir, alude a otra manera de hacer el amor, en la que los órganos

genitales reposan y la mente toma el mando. Si todo sale bien, durante el espacio poscoital nos comemos una manzana, vemos algo de televisión, escuchamos música, nos mimamos, hablamos de cosas que nos interesan, contamos chismes y, sobre todo, nos reímos (el humor empieza a hacer cosquillas), pero no hay fastidio. No queremos hacer desaparecer a la persona que tenemos enfrente (como en la película *El lado oscuro del corazón*, de Eliseo Subiela). Insisto: si todo sale bien, hay aproximación humana. Te puede haber pasado alguna vez que, producto de algunas copas, amaneces con alguien a quien conociste esa misma noche y, al abrir los ojos, los cierras rápidamente. Es cuando te preguntas: «¿Será una pesadilla?». La persona que tienes a tu lado no tiene nada que te guste, más bien lo contrario. Pero la vida en esto es cruel. El otro o la otra te destapa y te dice: «Hola». Así, a secas. Sin anestesia ni enjuague bucal. Entonces miras el teléfono y dices: «¡Dios mío, se me hizo tarde!». Si es domingo, agregas: «¡Estoy de guardia!». Que te quede claro: en el poscoito, las mentes y los corazones se acercan, se aterriza y haces un contacto más profundo si el amor existe. Los intercambios de pensamientos, sueños, ideas..., de lo que sea, son más fluidos.

3. *¿Orgasmos moderados?* Empecemos por lo básico: en el orgasmo, uno no se «viene», se «va». Se despersonaliza. Tu yo queda rezagado respecto a todo y el tiempo se disipa como si estuviéramos en una experiencia mística o trascendente. Si no me crees,

intenta en pleno orgasmo pensar cuál es el pago que debes hacer al día siguiente en el banco. No podrás. Por eso no puede haber «orgasmos moderados», aristotélicos, que transiten el punto medio. Y un dato más: si alguien duda si ha tenido un orgasmo, es que no lo ha tenido. He conocido a muchas mujeres que disimulan el orgasmo u hombres que como no lo pueden disimular como ellas, se inventan la siguiente perla: «Me vine para adentro». ¿Por qué hacen esto justo cuando la sinceridad debiera ser la directriz? ¿Por qué el engaño? Por miedo, por evitar discusiones, para darle gusto a la pareja... Si mientes en el sexo, aunque solo sea una vez, algo está mal. Mi recomendación es que asumas una total honestidad frente al eros compartido, es la única manera de saber si el problema tiene arreglo o no.

ADMIRACIÓN

Las parejas funcionales y adaptativas admiran profundamente a la persona a la que aman, ya sea por sus cualidades, virtudes, habilidades o por cualquier capacidad o encanto que perciban. Se sienten orgullosas de estar con quien están.

Una vez le pregunté a un paciente qué admiraba de su señora, y el hombre, tras pensar un rato, me dijo: «Bueno... Es trabajadora, buena madre, responsable, aseada, honrada...». El hombre se despachó con algo similar a un *curriculum vitae*, como si estuviéramos haciendo una selección de personal para alguna empresa. Sus ojos no se inmutaron, sus ademanes estaban casi petrificados, sus gestos eran impávidos, no había fascinación, no se le veía maravillado, la admiración hacia su mujer como persona no existía. Admirar no es hacer una lista aséptica de atributos, es sentirlos y que te conmuevan. ¿Admiras a tu pareja? ¿Realmente?

Puede haber admiración sin amor, como, por ejemplo, la que sientes por el dalái lama, por un músico virtuoso, una gran literata, un deportista, una profesora o un profesor, o una persona cualquiera. Lo que no suele ocurrir es que te mueras de amor por alguien a quien no admires en algún sentido. Esa es la máxima: no puede haber amor de pareja sin admiración.

Revisando distintos diccionarios de referencia, incluido el de la Real Academia, extraigo tres acepciones del término, para ver de qué hablamos cuando nos referimos a la *admiración*:

1. Causar sorpresa. La vista o consideración de algo extraordinario o inesperado.
2. Ver, contemplar o considerar con estima o agrado especiales a alguien o algo que llama la atención por cualidades juzgadas como extraordinarias.
3. Tener en singular estimación a alguien o algo, juzgándolos sobresalientes y extraordinarios.

En psicología vamos por un lado similar: *admirar* es juzgar con extrañeza o asombro a alguien que por sus acciones, manera de pensar o sentir consideramos sorprendente o fuera de lo común. Y en el caso de la pareja, sabemos que la admiramos cuando nos sentimos orgullosos de estar con alguien por ser quien es. No significa vanagloriarnos de ello, sino sentirnos afortunados o agradecidos con la vida. Pero que quede claro, como decía el filósofo Comte-Sponville: «No amamos a la gente porque sea valiosa, la vemos valiosa porque la amamos». No vas a querer a un hijo porque saca buenas notas o es guapo o es muy bueno en los deportes; lo considerarás especial porque lo amas, aunque sea torpe en los deportes, saque malas notas o sea feo. Yo agregaría, entonces, que *el amor aporta valor*.

Una señora me comentaba de su pareja, un hombre veinte años menor que ella: «Yo sí lo amo, pero cada día lo quiero menos e incluso de una manera distinta... Cada vez la relación es más filial...». Cuando le pregunté a qué atribuía ese bajón afectivo, me dijo: «No es echado para delante, se desmoraliza ante el primer problema, le falta ambición... No me parece valiente... Yo soy como su terapeuta. ¿Me entiende? No me excita un hombre así, no lo admiro». Entonces le hice otra pregunta que sellaría todo: «¿Le gustaría un hombre así para su hija?». Y casi sin pensarlo, expresó: «¡Dios me libre!».

Una joven se quejaba porque su admirador principal era un chico que ella calificaba como *nerd*. Era exitoso en su trabajo, gracioso, inteligente, pero físicamente no le agradaba. Me dijo una vez: «Lo que más me gusta de él es que me hace reír». Ella no era capaz de dejar de verlo porque temía arrepentirse luego. Un día iban en un automóvil conversando, cuando de pronto vieron a un hombre que empujaba y abofeteaba a una mujer. El amigo de mi paciente frenó en seco el automóvil, se quitó los lentes (según el relato de la chica, como si fuera Clark Kent) y echó a la fuerza al tipo. Levantó a la señora, que estaba muy golpeada, y la llevaron al hospital, donde se quedaron acompañándola. Mi paciente me dijo después: «Estaba muy preocupado por esa mujer y tenía mucha rabia... Y con razón... No sé, es como si me lo hubieran cambiado, como si a partir de ese momento fuera otro hombre... ¡Hasta lo veo atractivo!». ¿Qué pasó? No es que se convirtiera en el príncipe azul ni que ella hubiera sido víctima del estereotipo del héroe, la cuestión iba más allá. Mi paciente descubrió una faceta que admiró al instante, que ni siquiera era la valentía o el haberse comportado como un justiciero, sino que tuviera en su escala de valores una dimensión de altruismo tan fuerte. El *nerd* que daba la impresión de ser un sujeto insípido y medio tonto, generó en ella, tal como dicen las definiciones señaladas antes, *asombro* por una cualidad *extraordinaria*.

La gente que admira a su pareja se siente maravillada,
no idiotizada. No rinde culto, solo está en un estado
de contemplación y alegría de que el otro exista. Evalúa
cuán cerca o lejos estás de esto. Eso sí, no te resignes.
Si no admiras a tu pareja, algo está mal.

CONFIANZA BÁSICA

Las parejas funcionales y adaptativas tienen confianza básica el uno en el otro. Esto significa que pondrían su vida en manos de la persona amada, sabiendo que su compañero o compañera hará hasta lo imposible por cuidarlos y ayudarlos.

Lo sorprendente es que existen quienes aguantan que la pareja les haga daño intencionadamente y además buscan atenuantes que disculpen al agresor: se convierten en sus principales defensores o cómplices. ¿Lo haces? ¿Justificas y defiendes a quien te lastima con toda la intención? Ojo, y no solo me refiero a los daños físicos, sino también y principalmente a los psicológicos. Alguien que te hiere a propósito se convierte automáticamente en un peligro para tu bienestar. ¿Cómo te sientes después de hacer el amor con tu enemigo? ¿Cómo le haces para seguir relacionándote como si nada pasara con un sujeto que te agravió de cualquier forma un momento antes? ¿Olvidas tan rápido? Eso no es perdonar, es hacer tambalear tu amor propio. Perdonar no es olvidar, es recordar sin odio ni rencor; no es hacer borrón y cuenta nueva una y otra vez.

La persona que te hiere deliberadamente sabe lo que está haciendo. Está claro, entonces, que tu dolor no le duele. Piensa: ¿serías capaz de lastimar adrede a una persona a la que realmente quieres? ¿Dirías que eso es amar?

La confianza implica ir hacia la persona amada con el corazón al descubierto, es poner las manos en el fuego por tu pareja. La gente que dice: «Yo no pongo las manos en el fuego por nadie» se refiere a que no confiaría en nadie de manera radical. Pues, insisto, yo sí creo que es la única certeza a la cual no se puede renunciar en una relación de pareja: «Sé a ciencia cierta que no me harías daño a propósito».

¿Qué pasa cuando tu pareja destruye ese esquema de confianza básica, ya sea siendo infiel, maltratándote, rompiendo algunos estándares éticos o morales, contando un secreto para ti vital, incumpliendo promesas, y cosas por el estilo? Si no tapas el sol con el dedo ni te autoengañas, aparecerá una extraña forma de desencanto que te lleva de narices a algo muy parecido al desamor: se llama *desilusión afectiva*. La imagen que tenías de él o de ella se resquebraja. Y si tienes dignidad, llegarás a la única conclusión posible: «No me merece quien me lastima».

En mi libro *Me cansé de ti* (Planeta, 2019) cito dos ejemplos que quiero repetir aquí debido a su pertinencia: uno imaginado y otro originado en el cine.

El caso imaginario. Supón que estás en casa con tu esposa y tus dos hijas. De repente, el lugar empieza a temblar. Las paredes crujen, los cuadros se caen, el piso se mueve bajo tus pies, se desprende polvo del techo y todo se hace borroso. Las niñas se abrazan a ti y lloran. Todo ocurre muy rápidamente y apenas puedes reaccionar. Entonces, llamas a tu mujer con angustia para que te ayude con las pequeñas, pero alcanzas a ver cómo sale corriendo hacia afuera. Repites su nombre, esta vez a gritos, y escuchas su voz escalera abajo: «¡Corran, corran!». Luego, las cosas vuelven a la normalidad. Ya no tiembla nada, solo hay alguna réplica de tanto en tanto sin trascendencia. La mujer sube y pregunta con aparente preocupación: «¿Están bien? ¿Están bien? ¡Gracias a Dios!». Y los abraza a los tres. ¿Qué sentirías si fueras su marido? ¿Qué pensarías? ¿Cómo te afectaría este hecho?

- *El caso cinematográfico*. En la película sueca del año 2014 titulada *Turist (Fuerza mayor)* y dirigida por Ruben Östlund, ocurre algo similar. En una pista de esquí, la nieve comienza a desprenderse y se dirige a la terraza del hotel donde se encuentran los protagonistas a punto de almorzar, una familia compuesta por padre, madre, un niño y una niña. Todo hace predecir una catástrofe. La gente grita y trata de salvarse. La madre, instintivamente, abraza a sus dos hijos, mientras el padre toma el celular, escapa y los deja solos. Luego, al ver que el alud se detiene y no sucede nada grave, el hombre regresa donde están ellos y les pregunta, con evidente nerviosismo, cómo están. A partir de ese momento la mujer entra en *shock*, no tanto por la avalancha como por la actitud de su marido. Ella empieza a sentir una profunda decepción hacia su compañero, quien se defiende afirmando que no es para tanto.

- En las dos situaciones planteadas, es probable que se pierdan dos de los aspectos más importantes del amor: *admiración* y *confianza*. Habrás conocido un lado perverso y cobarde de la mujer o del hombre a quien amas. De ahí al desamor hay un paso, y a un adiós definitivo, un pasito. Desamor instantáneo, sin reflexión, como un cubo de agua fría, que transforma tus sentimientos y los reacomoda. ¿Cómo amar a aquel o aquella en quien ya no se confía, a quien huye en vez de ayudarte?

HUMOR

Las parejas funcionales y adaptativas se ríen, sonríen, están abiertas al humor y existe una especie de complicidad sobre lo gracioso de la cual no podrán prescindir jamás.

El humor es un indicador de salud mental, sobre todo si eres capaz de tomarte el pelo a ti mismo o a ti misma. Pero no todo el mundo lo ve así. Supongo que conoces a gente amargada, discreta y extremadamente formal a la que, por alguna razón, el buen humor, el chiste oportuno, el doble sentido o el jolgorio manifiesto le irrita. Para ellos, la risa no es el camino más corto entre dos personas, tal como decía el músico danés Victor Borge, sino el más largo y accidentado.

El humor es imprescindible para tener una buena relación. Si no lo posees, quizá sería mejor empezar a ver qué pasa. He conocido parejas que no me explico cómo van juntas por la vida: mientras uno difícilmente esboza una sonrisa, jamás se carcajea y apenas entiende el chiste que sea, la otra persona mantiene la carcajada a flor de piel, capta el sarcasmo y le saca el jugo al absurdo. Mentes estrechas y rígidas versus mentes abiertas y flexibles.

Una vez le conté a una paciente de mente alegre y vivaz un chiste para que se lo contara a su esposo, un hombre especialmente serio cuya mayor expresión ante una gracia era insinuar algo parecido a una risita, especialmente ante los chistes de humor negro. El cuento era el siguiente: una señora golpea la puerta de una vecina y la increpa porque su hijo se comportó como un maleducado. Cuando la vecina le pregunta qué hizo, le dice: «Su hijo le sacó la lengua a mi hijo». La mujer responde: «Pero no hagamos tanto escándalo, son cosas de niños». Y la afectada exclama furiosa: «¡Cosas de niños! ¿Y cómo le paro la hemorragia?». Mi paciente fue a su casa y le transmitió el relato a su marido, que según ella estaba encendiendo una pipa. Cuando la escuchó, dejó caer el tabaco y se quedó mirándola fijamente a los ojos. Al poco rato, preguntó: «¿Y qué le paso al niño?». Ella le explicó que se trataba de algo imaginario, que simplemente era una broma. Él lo aceptó y dejó sentado que no le veía nada de gracioso, pero a eso de las tres de la mañana la mujer se dio vuelta y lo encontró sentado en la cama. Cuando le preguntó qué le pasaba, manifestó con profunda preocupación: «No puedo dejar de pensar en ese niño...». Según una reconocida definición, el humor negro es la «disposición de una persona para encontrar diversión en cosas o situaciones desafortunadas o que suponen cierta crueldad, [...] que producen risa, o buscan producirla, por la forma en que se presenta la mala fortuna o la crueldad». Obviamente, siempre y cuando no constituya un delito de odio.

El hombre también era metódico para hacer el amor, casi siempre lo hacía a la misma hora, en el mismo lugar y de la misma manera. Por su parte, ella era una flecha en pleno vuelo, espontánea e impredecible. Lo que más le dolía a mi paciente era que sus respectivas risas no entraran en sincronización. Piensa: ¿habrá algo peor que tener que explicarle un chiste a tu pareja (en algunos casos más de una vez)?

Aceptemos que, como dice el refrán, «sobre gustos no hay nada escrito», pero si yo río cuando tú lloras, y si yo me indigno ante algo que tú ves normal, quizá estemos en orillas opuestas. Y el sentido del humor compartido significa precisamente eso: *estar en la misma orilla, no superpuestos en un punto exacto, pero sí transitar del mismo lado del camino.*

El humor te permite mandar al carajo la solemnidad y jugar. Sí, leíste bien, jugar. ¿Por qué no podemos jugar los adultos? ¿Por qué no podemos hacernos cosquillas, disfrazarnos y saltar de alegría cuando algo nos va bien? Se nos dice: una persona madura, estable y equilibrada no es infantil. Parecería que a medida que pasan los años, el festejo permitido por la cultura debiera ser básicamente interior y solo pudiera exteriorizarse si se respetan ciertos decibeles y formas de expresarse socialmente adecuadas. O sea: con represión emocional. No sé si te ha pasado que a veces, ante una buena noticia, pones cara de póker y luego te encierras en el baño para decir en voz baja: «¡Viva! ¡Bien! ¡Eso!», como si no pudieras hacerlo en público.

¿Qué pasa cuando una pareja de enamorados no comparte el humor? Varias cosas: se inhiben, buscan afuera lo que no encuentran en casa, sienten rabia o piensan que el otro es histérico o aburrido; en fin, no se acercan al mundo de igual manera. Es decir: se alejan, se distancian emocionalmente.

Al revés de lo que piensan las mente rígidas, el humor es trascendente. Te saca el lado más humano. El psicólogo Martin Seligman ubica el *sentido del humor* (picardía) como una fortaleza perteneciente a una virtud mayor: la trascendencia. Y lo define como «el gusto por reír y hacer reír, y ver el lado cómico de la vida fácilmente», incluso en la adversidad. Recuerdo que en cierta ocasión un amigo se resbaló al bajar de un autobús. La caída fue bastante aparatosa, porque fue deslizándose sentado sobre su trasero hasta aterrizar en la banqueta. Una mujer que pasaba por allí se acercó rápidamente a prestarle ayuda, y le preguntó: «¡Dios mío! ¿Se cayó?». Mi amigo, a quien no le falta sentido del humor, respondió en tono parco: «No, señora, es una vieja costumbre de familia». Este comentario dio pie para que todos aquellos que tenían la risa contenida sacaran a relucir libremente la carcajada y la algarabía fue total. Si le echamos cabeza, veremos que este tipo de situaciones en las que se pregunta lo obvio son muy comunes, sin mala intención, por supuesto. Por ejemplo, si llegamos a una reunión empapados por la lluvia, no faltará quien pregunte: «¿Te mojaste?». O, en otro escenario, si tomas una taza de café hirviendo y gritas al saborearlo o incluso lo escupes, tampoco faltará quien te interrogue con cara de asombro: «¿Quema?». Que estés empapado o te quemes, con el agregado de una pregunta desatinada, genera la posibilidad de crear lo paradójico o lo absurdo.

Buen humor: disposición a reírse de sí mismo, además de provocar la carcajada e involucrar a los demás en la ocurrencia. Por eso, el arte de bromear sanamente es una virtud social.

Puede haber humor sin sabiduría, pero no lo contrario. Las tradiciones espirituales más conocidas de Oriente y la filosofía antigua atestiguan lo dicho. Por ejemplo, el guía espiritual Bhagwan Shree Rajneesh, en su libro *Vida, amor y risa* (Gaia, 2003), cita el curioso caso de un místico japonés llamado Hotei, apodado el Buda que Ríe:

En Japón, un gran místico, Hotei, fue llamado el Buda que Ríe. Fue uno de los místicos más amados en Japón y nunca pronunció una sola palabra. Cuando se iluminó, comenzó a reírse y siempre que alguien le preguntaba «¿de qué te ríes?, él reía más. Iba de pueblo en pueblo, riéndose...

Y en otra parte, agrega:

En toda su vida, después de su iluminación, alrededor de cuarenta y cinco años, solo hizo una cosa, y fue reírse. Ese era su mensaje, su Evangelio, su Sagrada Escritura.

Las personas que conocían a Hotei no podían parar de reír y no tenían idea de por qué lo hacían. En realidad, se reían sin razón, algo que no entra en la cabeza de una mente rígida. Esa es una de las cualidades más significativas de la risa: se extiende como la pólvora, se expande como una ola de júbilo que envuelve y revuelca a quien la escucha.

Obviamente, la vida no es un lecho de rosas y no debemos confundir una actitud dirigida al buen humor con evasión de la realidad o autoengaño. Hay momentos para llorar y otros para reír. Cuando exageras la risa, te alejas del contexto y construyes una burbuja de supuesta alegría que a veces no existe sino en tu cabeza. Y si exageras el llanto y la amargura, no habrá amor que pueda con eso.

¿El humor es un factor de peso a la hora de enamorarse? No me cabe duda. Cuando les pregunto a mis pacientes, sobre todo a las mujeres, el humor siempre está entre los primeros requisitos considerados para que un hombre les guste.

La chispa, la agudeza y el «buen tino» son cualidades envidiables, pero saber detectarlos y disfrutar de ellos también. La capacidad de reír es una virtud y el mejor remedio para las enfermedades de la mente y el cuerpo. El sentido del humor no requiere de un elevado cociente intelectual o estudios de posgrado. Solo es cuestión de querer dejar salir a jugar la fantasía. En el chiste, la lógica se desbarata y la irreverencia hace su agosto. Por tal razón, el humor es la esencia de la química mental y la manera más alegre y creativa de entrar en sintonía.

Si no dejas entrar en tu vida la paradoja, lo irracional, la sorpresa, lo extraño, lo incomprensible, lo chocante y lo incongruente, y para colmo te tomas muy en serio a ti mismo o misma, estás metido en un búnker. No digo que sea vital convulsionar y enloquecer con la risa, sino que cada uno en su estilo debería poder engancharse con su pareja en el vuelo del humor, y que no siempre es carcajada, sino también sonrisa. A veces, cuando miras a la persona a la que amas y se cruzan las sonrisas, lo que en realidad se atraviesan son caricias. La risa y la sonrisa activan tu farmacia interior, el bienestar de saber que del otro lado, sea pareja o no, hay alguien que no te hará daño y a quien le caes bien.

Anthony de Mello, en el libro *Un minuto para el absurdo* (Sal Terrae, 1996), presenta el siguiente relato:

> El maestro era cualquier cosa menos pretencioso. Siempre que hablaba, provocaba enormes y alegres carcajadas, para consternación de quienes se tomaban demasiado en serio la espiritualidad... y a sí mismos. Al observarlo, un visitante comentó decepcionado: «¡Este hombre es un payaso!». «Nada de eso —le replicó un discípulo—: No comprendió usted ni palabra: un payaso hace que te rías de él, un maestro hace que te rías de ti mismo».

Una persona mentalmente sana crea humor, lo inventa y lo incorpora a su vida y a las de los demás de manera desprevenida. Reconoce y busca activamente el sentido lúdico de las cosas y es capaz de suavizar la percepción de las situaciones adversas, tratando de mantener un mejor estado de ánimo. El ingenio nos ayuda a fluir; el mal genio genera estancamiento mental, amor incluido.

VISIÓN DEL MUNDO

Las parejas funcionales y adaptativas no son opuestas ni iguales en su manera de ver y sentir la vida, son similares. Los polos opuestos se estrellan tarde o temprano, y los idénticos se aburren. Las personas similares se acercan más fácilmente al buen amor.

Cuando dos personas pragmáticas y no apegadas al amor deciden establecer una relación estable buscan tener *compatibilidad de caracteres*, lo cual es razonable. Sin embargo, en esa búsqueda, a veces, queda afuera la *visión del mundo* de cada quien, es decir, lo que llamamos filosofía de vida. No se coteja la manera de ver y estar en el mundo.

Esa visión (por ejemplo, religiosa, política, ideológica, espiritual, ética o económica) es el punto de partida desde el cual te conectas con tu propia persona, con los demás y con el universo.

Por ejemplo, si eres un hombre ultrarreligioso y tu mujer es atea, tendrán un espacio que deberán transitar con cuidado: *en ese lugar tienen que ser capaces de conjugar el respeto por el otro y el autorrespeto.* ¡Muy difícil, considerando los extremos en que se encuentran! O también es posible que ese tema se convierta en tabú y se evite hablar de él. El problema surgirá, pongamos el caso, si tienen hijos: ¿qué escuelas prefieren para su educación: laicos o religiosos?

Hay situaciones que uno no se espera, dilemas que no siempre son fáciles de resolver sin pagar algún costo por ello. Veamos un caso personal. Estaba yo dando una conferencia en un país de Latinoamérica junto a otros participantes en el centenario de un centro educativo muy importante. Al terminar, mientras estábamos en un coctel, oí un rumor que llegaba de la puerta, vi algunas luces de *flash* y luego oí aplausos. Entonces, de pronto, apareció la figura del obispo de la ciudad. Un señor alto y de cara amable, ataviado con una túnica color púrpura y algunas joyas. En un momento dado, los organizadores lo ubicaron sobre una pequeña tarima que realzaba aún más su apariencia. Luego, el hombre extendió la mano y se hizo una fila para que se llevara a cabo lo que se llama el besamanos, que en realidad era posar los labios sobre el anillo de monseñor. Y allí empezó mi encrucijada. Soy un hombre espiritual, pero no religioso, y, además, el acto de reverenciar a otro ser humano no va conmigo. Todos me invitaban a que fuera a la fila y yo no hacía caso, hasta que dos sujetos me ubicaron en ella. Finalmente, llegó mi turno y me topé con su mano. Primero, quedé petrificado sin saber qué hacer, y unos segundos después se me ocurrió algo: le agarré la mano, la moví de arriba a abajo varias veces y le dije: «Mucho gusto, padre». El obispo sonrió, quizá porque comprendió mi enredo y la solución que me había inventado, ve tú a saber. Pero los organizadores no lo entendieron así. El vacío que me hicieron a partir de ese momento fue demasiado evidente, tanto que tomé un taxi y me fui al hotel. Afortunadamente, el avión salía al día siguiente muy temprano hacia mi país y no volví a verlos.

En una pareja la cosa suele ser peor, sobre todo por la cercanía y los eventos familiares, laborales y sociales que hay que compartir. Recuerdo que, en Barcelona, el tema de la independencia de Cataluña y las distintas miradas políticas de la población dividieron a familiares y amigos.

Pasó algo similar con el Brexit en Inglaterra, y hace unos años en Colombia, debido al plebiscito por la paz.

Supongamos que la pareja entre una persona atea y otra religiosa que sugerí al principio tenga otra pequeña diferencia: la inmigración. Él es claramente xenófobo, y la señora, de puertas abiertas. El señor no trata bien a la empleada del hogar, que es de un origen étnico que no agrada al hombre, y la señora la defiende. Si a ella le indigna alguna cosa, a él le parece bien, y al revés. Puede ser un programa de televisión, la compra de un reloj o la lectura de un libro. Quizá cuando se casaron subestimaron estas diferencias o hicieron como el avestruz; no obstante, son política, ideológica y religiosamente incompatibles. Mientras hacen el amor, sus creencias y formas de ver la vida se ubican entre paréntesis, pero luego, en el poscoito, se activan. ¿Es que no lo vieron antes de engancharse en una relación? La conclusión es categórica: por ilustrarla, si yo fuera anarquista y mi mujer miembro de la CIA, el problema no lo va resolver el «amor», sino nosotros, si es que tiene solución.

La gente suele decir que el noviazgo es para pasarla bien. Y sí, en parte puede ser verdad. Aunque también es para conocerse. Ver qué aspectos se pueden limar y cuáles no. Míralo así, y salvando las distancias, por más enamorada o enamorado que estuvieras, no te casarías con un asesino o una asesina en serie... ¿O sí? Durante la dictadura argentina de 1976 hubo muchos casos de matrimonios desechos porque las mujeres descubrían que sus maridos participaban en matanzas, secuestros de niños y robos. La decepción de la que hablábamos antes acaba con el amor en un instante.

Es verdad que uno puede ser amigo o amiga de alguien

que piensa diferente, faltaría más, pero también es cierto que en algunos casos salvar la amistad implica no tocar ciertos temas. Pese a todo, debemos reconocer que el buen amigo, el del alma, al que nos une un lazo indisoluble, es al que no hay que explicarle el chiste ni justificar tus actos. No es igual a ti, aunque ambos poseen visiones del mundo *similares*.

Uno no dice «me amisté» cuando hablamos de amistad, como dice «me enamoré» cuando hablamos de amor. La amistad la construimos con la voluntad. Nadie nos flecha, somos nosotros quienes la creamos por las afinidades, la simpatía y esa manera de sentir y pensar que nos encaja en lo fundamental.

¿Cómo saber si eres amigo o amiga de tu pareja? Porque tienen proyectos en común, no se cansan de conversar, se ríen juntos y son leales. Una vez más: no tenemos que ser iguales, sino similares en lo esencial. Cuando tu marido o tu esposa trata muy mal a un empleado e intervienes tratando de ser coherente con la idea de que la esclavitud dejó de existir hace mucho, descubres algo impresionante: *no les indignan las mismas cosas*. En algo tan sencillo y complejo a la vez, encuentras la punta de un iceberg enorme que atraviesa todo el vínculo afectivo.

Una cuestión más, para que la pienses. Conversar, como dije antes, significa «movernos juntos», un acople entre dos. Cuando estamos enamorados ya no se trata solo de hablar, sino de acompasarnos desde nuestro ser, sintonizar en una especie de danza con la persona amada. Es compartir los ritmos y desplazarnos según la música que nos une. Tu ritmo y el de tu pareja se captan y andan juntos. ¿Y si no tienes con quien bailar? Saca tu música interior, la tuya, la que te mueve desde lo más hondo, y salta, sacúdete, zapatea y canta hasta agotarte, aunque no tengas compañía. Baila para ti.

DESACUERDOS AMISTOSOS

Las parejas funcionales y adaptativas discuten y se oponen en muchas situaciones, pero el amor nunca está en juego. Prefieren un desacuerdo amistoso a un acuerdo perezoso.

«Las buenas parejas no pelean», dice la gente. Y no es verdad. Las buenas parejas discuten y se enfrentan, la diferencia está en que lo hacen sin herir al otro ni tratando de destruir el vínculo. No buscan llevarse el punto. La gente también dice que el amor *per se* es felicidad, y tampoco es cierto. Una buena relación requiere más «transpiración que inspiración». Hay momentos de infelicidad y otros de alegría. ¿Dónde se ubica el buen amor? Siempre del lado constructivo, donde exista un equilibrio emocional racional. Cuando discutas con tu pareja, hazte estas preguntas:

- ¿Buscas ganar la controversia?
- ¿Solo piensas en tu punto de vista?
- ¿Te cuidas de no herir a la persona a la que amas, aunque eso te perjudique y escondas la verdad?
- ¿La discusión vale la pena?
- ¿Cuál es tu meta?
- Cuando hay amor del bueno, tú no te estrellas contra la persona a la que amas, sino que viajas hacia ella y aterrizas pacíficamente en su mente y en su ser,

obviamente con su visto bueno. Lo mismo ocurre cuando tu pareja viaja hasta ti. Y en este ir y venir vas afianzándote a una mente distinta a la tuya, pero unida a ti, viendo los pros y los contras, las similitudes y las diferencias. Necesitas flexibilidad, descentrarte y ponerte en el punto de vista del otro, no hay otra forma de comunicarse completamente.

Insisto: un desacuerdo amistoso es entender que si bien en algunas cosas no hay acuerdo, lo que une sigue en pie. No peleamos, más bien controvertimos, debatimos. Un acuerdo perezoso significa que por evitar la incomodidad que genera el altercado accedemos de manera mentirosa o con desgana a un entendimiento que no es tal. El resultado de esta manera «perezosa» o evitativa de afrontar una divergencia siempre estará acompañado de resquemores: se guarda en la memoria y el enojo se posterga, no se acaba en un desacuerdo amistoso o trabajado a consciencia; se enquista y cualquier día sale a flote en forma de rencor.

La propuesta que te hago cuando estés en una disputa con la persona a la que amas es agotar recursos, pulir y clarificar los argumentos, sin berrinches ni agresiones inútiles. Que tu objetivo no sea ganar, sino dilucidar. Ir al fondo y asumir el resultado. La diferencia puede ser muy enriquecedora si eliminamos todo tipo de ataques, calificaciones o ironías de cualquier tipo. El desacuerdo amistoso te dejará en paz porque fuiste hasta el final y con toda la buena disposición. Recuerda: no eres igual a tu pareja, no te dejes arrastrar por la idea de las almas gemelas. Tú y la persona a la que amas son piezas de rompecabezas distintos que deben pulirse para encajar.

Cuando disientas de tu media naranja ten en cuenta que explicar no es regañar, que indicar no es etiquetar, que siempre hay grises, que es mejor hablar asertivamente y que no debes escucharte a ti mismo o a ti misma como en un monólogo, sino también al otro. Hay muchos manuales excelentes sobre comunicación de pareja, cuyos contenidos excederían los límites de este texto.

No confundas lo urgente con lo importante. Si un desacuerdo involucra algo que afecta a tus valores, debes entrar en la disputa con firmeza y dejar sentado un precedente con las implicaciones del caso: no te olvides de ti. Si son cosas secundarias, no tires por la ventana una relación que a lo mejor vale la pena. No se trata de vencer a un adversario, sino de resolver. ¡Ah!, y un dato más: si nunca tienes un desacuerdo con tu pareja, pide ayuda profesional urgente.

SENSIBILIDAD Y ENTREGA

Las parejas funcionales y adaptativas tienen una conexión emocional activa y constante. Es lo opuesto a la indiferencia. La persona a la que aman está siempre presente, porque es imposible no sentirla.

Entre algunas poblaciones sudafricanas, como las culturas zulú y xhosa, existe una bella costumbre interpersonal. Estos pueblos, además de creer en la bondad de las personas y en que todos merecen una segunda oportunidad (la puesta en práctica del derecho a equivocarse), tienen un gran respeto y valoración por el ser humano. Cuando alguien mete la pata, los demás le recuerdan las cosas buenas que hizo en el pasado, como una forma de equilibrar la autoestima. En el proceso de acercamiento y reconocimiento de los demás, sean quienes sean, se utiliza la palabra *sawabona* para saludar, que significa: «Yo te respeto, yo te valoro y tú eres importante para mí». El receptor del saludo responde *shikoba,* que significa: «Entonces, yo existo para ti». ¿Qué hay de extraordinario en ese intercambio de palabras? Dos conceptos que se entrelazan: empatía («lo que sientes me importa») y ternura («no te hago ni te haré daño, te cuido»). Por su parte, la tradición judeocristiana nos regala la palabra *ágape*, que, además de «fiesta», también significa «cuidado por el otro», el amor que da y se compadece. «No solo te deseo (eros) y estamos juntos como amigos *(philia)*, además tu dolor me duele y tu felicidad me hace feliz *(ágape).*»

Hablamos de sensibilidad y entrega como *ágape*, pero siempre dentro del contexto de reciprocidad. Si para amarte la condición es anularme o destruirme, no me interesa. Si amarte implica ayudarte porque me necesitas, me interesa. Pero en condiciones normales, como ya dije antes, la cuestión es de ida y vuelta: te cuido y me cuidas, te compadezco y me compadeces, te quiero y me quiero. Amor propio y amor al otro, juntos.

Este amor agápico es desinteresado; es la delicadeza, la no violencia. No es el yo erótico que arrasa con todo, ni el yo y el tú de la amistad; es el tú puro y descarnado. La reciprocidad inteligente y racional no debe entenderse como una balanza estática, sino móvil y flexible: a veces, tú eres quien me necesita más y otras soy yo, pero luego el fiel vuelve a reacomodarse en el punto medio. Es la dimensión más limpia del amor, es la benevolencia sin contaminaciones egoístas.

¿Verdad que a ratos tocas ese estado? Obviamente, no me estoy refiriendo a un amor irreal e idealizado, de lo que hablo es de la capacidad de renunciar a la propia fuerza para conectarse con la debilidad de la persona amada. Insisto, no se trata del placer erótico ni de la alegría amistosa, sino de pura compasión: es el dolor que nos une al ser amado cuando sufre, es la disciplina del amor que no requiere esfuerzo, como decía Krishnamurti.

Es difícil achicar el ego o dejarlo a un lado. Lo hacemos en situaciones límite. Lo importante es no confundir autoestima con grandiosidad. Con la primera te cuidas, te tratas bien, te consientes, no porque seas especial, sino porque existe en ti un instinto de autoconservación imposible de obviar, como decían los estoicos. Eres humano y como tal posees el don de la autoconciencia. En cambio, con la grandiosidad no te cuidas, te exaltas porque te sientes especial, los demás están en un segundo plano, manda un autointerés salvaje y desconsiderado. Si ya comprendiste esa diferencia, te queda claro por qué razón el amor propio no es incompatible con el amor al prójimo. El dalái lama decía que quererse a uno mismo es la condición necesaria para ayudar y querer a los otros, y tenía razón.

Tu pareja es un regalo o una mala jugada del destino. Si es un regalo, siéntete afortunado o afortunada y lleva la relación tan alto como se te antoje, sin olvidar quién eres ni tus principios. Si es una mala jugada del destino, escribe otro destino, engaña al futuro, construye un nuevo hábitat. Un señor, cada vez que yo le decía algo sobre su esposa, una mujer furiosa y narcisista, me respondía: «Dios sabe cómo hace sus cosas». Un día le comenté lo siguiente: «De acuerdo, Dios sabe cómo hace sus cosas. Pero Él también necesita de usted. No puede hacerlo todo mientras usted se queda de brazos cruzados. Véalo así: Dios le da el papel y la tinta, pero usted es quien escribe su destino. Rece lo que quiera, pero empiece a trabajar para volver a tener una vida digna». Después de pensar un rato me dijo: «Sí, tiene razón... Es mi responsabilidad, ¿no?». Yo asentí y agregué: «Nadie en el universo quiere verlo sufrir con una pareja que no lo respeta».

Lo que se opone a la ternura es la imposición. Es decir, la carga que conlleva la interpelación y la exigencia. No impongas, sugiere. No grites, susurra. No desconozcas a tu pareja, curiosea en ella. Explórala al derecho y al revés, y descubrirás que cada día habrá algo por conocer que tu insensibilidad dejó afuera.

RESPETO

> Las parejas funcionales y adaptativas se respetan por encima de todo. Esto significa que se consideran sujetos, se escuchan y nunca violan los derechos de la persona amada.

Respetar a la persona que amas es reconocerla como un sujeto, que tiene algo que decir que vale la pena escuchar. Si no escuchas, no amas; si no escuchas, no respetas.

Tu pareja debe poder escoger desde sí misma en libertad, no desde ti, no por mediación tuya. Si no hay autonomía, hay esclavitud. No respetar no solo es insultar o golpear, es también desconocer a la persona a la que supuestamente amas. ¿Desconocer qué? Sus derechos, su condición humana, su autogobierno, la capacidad de decidir por ella misma. ¿Te da miedo que ella o él piense por su cuenta? Acéptalo, no puedes controlar su mundo interior, eso es infantil, además de posesivo. Corre el riesgo de que ambos amen en libertad, ya que no están juntos por obligación, sino porque quieren, porque se prefirieron mutuamente. ¿Cuál es el miedo, entonces? ¿Ver lo que es? Amar también es intercambiar actos de consciencia, conocerte sin excusas y que veas tal cual es a tu amado o amada. ¿Miedo a que no te amen? Pues si esa es la verdad, acéptala, deprímete, angústiate, siempre con un pie en la realidad. ¿O prefieres engañarte?

¿No te respeta tu pareja? No es negociable. Cada segundo que te demores en retirarte y sentar un precedente significativo, le das más espacio a la persona que te agredió u ofendió para que lo siga haciendo. Escucha bien: no debes estar donde no te quieren, donde te menosprecian o simplemente no te tratan bien. La palabra *respeto* proviene del latín *respectus*, que significa «atención», «consideración». El respeto también incluye miramiento y deferencia, es decir: buen trato, cuidado, interés y cortesía. Respetarte es acatar y tener presente tu condición de sujeto, alguien que no es un medio ni puede ser tratado como tal, sino que es un fin en sí mismo, tal como aseveraba Kant.

Te pregunto: ¿has sentido que tu pareja te manipula o te utiliza alguna vez? ¿Te menoscaba? ¿Te ignora? ¿No le importa lo que piensas y sientes? ¿Busca tu bienestar? ¿Escucha tu punto de vista? Que tu media naranja jamás intente rebajarte para ponerse por encima; no es aceptable si tienes una pizca, solo una pizca, de autorrespeto. Una convivencia digna es una convivencia en la que el reconocimiento de la humanidad del otro va y viene, hasta el cansancio.

Un aspecto más. Ya había comentado algo sobre el acto de venerar a la persona que se ama. Venerar es rendir pleitesía, es obediencia. Cuando reverencias, adoras o rindes culto a la persona a la que amas, y rompes el equilibrio natural de la relación. Si idealizaste hasta este punto a tu pareja, tendrás un problema: *tratarás de imitarla*. Todo el que se postra, imita a su maestro o maestra. Y la imitación corrompe porque dejas de ser tú, pierdes tu identidad para parecerte a otro. Serás una copia de un original. Pero si cambias veneración por respeto y admiración, esa persona será motivo de *inspiración* y no de plagio. No tendrás que remedarla, sino *crear* a partir de lo que te enseña y sugiere. Aquello que hagas tendrá tu sello personal, aunque llegue de un referente. No gastarás tiempo en idolatrar, sino en amar.

Para terminar, es muy difícil exigir respeto o poner límites si no posees autorrespeto. El amor propio es el punto de partida de cualquier relación interpersonal, cuidar tu yo y fortalecerlo. Y volvemos al principio de este libro. Si de tanto amar a tu pareja te olvidaste de ti, es que pusiste tu autoestima en segundo plano. Te supeditaste a él o a ella por «amor», o dicho de otra manera: te faltó respetarte a ti mismo o a ti misma.

EPÍLOGO

Una paciente me decía: «Mi novio es insoportable, pero no puedo vivir sin él». Ya vimos lo que conlleva esta premisa: «No puedo vivir sin ti». Entre otras cosas, dependencia y codependencia, debilidad, miedo a la soledad, apego, búsqueda de protección… En fin, decir: «Te soporto porque te amo» es pretender que el amor debe justificar cualquier cosa.

Karl Popper planteó en su momento la paradoja de la tolerancia: «Si somos absolutamente tolerantes, incluso con los intolerantes, y no defendemos la sociedad tolerante contra sus asaltos, los tolerantes serán aniquilados y junto con ellos la tolerancia». ¿Habría que tolerar la violación o los asesinatos? ¿Qué haríamos si viéramos a un hombre golpeando a su hijo pequeño? ¿Debemos tolerar el abandono infantil, los genocidios, las estafas o el maltrato? Pues las relaciones afectivas no son una excepción; de manera similar, hay amores intolerables y relaciones insoportables.

Una persona tolerante es permisiva y paciente, no impositiva. Sin embargo, como ya dije, estas virtudes llevadas al extremo pueden resultar peligrosas si no están acompañadas de amor propio y algo de sabiduría. *Tolerar*, según el *Diccionario de sinónimos* de Aguilar, también quiere decir «soportar, aguantar, sufrir, resistir, sobrellevar, cargar con algo, transigir, ceder, condescender, compadecerse, conformarse, permitir, tragar saliva y sacrificarse». Un vínculo afectivo que se ubicara en este contexto semántico parecería más una reunión de masoquistas anónimos que una relación amorosa. Amar no es cargar con la «cruz del matrimonio», como dicen algunos. Soportar con indulgencia las agresiones no es sinónimo de amor, es sometimiento. Es falta de autoestima.

Grábate esto para decírselo a tu compañera o compañero, aunque se asuste: «No puedo amarte si no me amo, al menos amarte bien y equilibradamente. Si no me amara, viviría solo para ti y me olvidaría de quién soy y de lo que quiero. No pondría límites. Llegaría a justificar lo injustificable y a aceptar lo inaceptable. Me convertiría en un apéndice emocional de tu persona. Y si te molesta que tenga amor propio, lo siento, sería mejor que no sigamos juntos. Si tu felicidad está en mi anulación, no mereces estar a mi lado». ¿Duro? No me lo parece. Es un acto de autoafirmación y dignidad. Es la verdad. Y la verdad no solo te hace libre, también duele.

La pregunta que yo te haría es: ¿no te cansaste de sufrir por amor? Si no es así, debes reconocer que hay algo de testarudez en ti. No lo llamaría perseverancia, porque la *perseverancia racional* siempre está acompañada de un conocimiento de cuándo dejar de insistir. Es posible que estés con una pareja que no te inspira precisamente paz, y más bien todo se parece a un torbellino, una carga, o un mal karma con momentos dulces, pero mal karma al fin. ¿No te cansaste de que las cosas no fluyan con naturalidad? Amar no es como subir una cuesta empinada que a veces se hace interminable. Es verdad que las relaciones afectivas normales tienen sus complicaciones, pero no tienen que ser un viacrucis. No hay un dedo celestial que te señale para que sufras con entereza la compañía de alguien que afecta negativamente tu humanidad. No te merece quien te lastima, aunque lo haga de manera sutil.

Cuando entras en la variante de insistir en estar con quien no debieras, normalizas la infelicidad, el malestar y la tristeza, como si no hubiera más salida. Apelas a la resignación emocional, cuando podrías mandarlo todo al diablo y empezar a vivir de nuevo, con más alegría y autoestima. El amor no lo es todo, ni siquiera el buen amor. Como ya dije: quizá tu pareja sea lo mejor de tu vida, pero no lo es todo. No necesitas que te manden al hospital para dejar una relación destructiva. A veces, es tu voz interior la que toma la decisión, que no es otra cosa que tu instinto de supervivencia. Ocurre cuando te miras un día cualquiera en el espejo y te dices: «No se justifica... ¡Qué diablos hago aquí!». Y una valentía especial, no conocida por ti hasta ese momento, te lleva a no dar tantas explicaciones, a no disculparte: simplemente tu biología, tu esencia, habla por ti. Tu ser es quien se rebela. La culpa sobra, el miedo se aplaca y sales al mundo a ser quien eres descaradamente, aunque no les guste a los demás. Y entonces, en ese punto de inflexión, dices sin pelos en la lengua: «Sobre mí decido yo». Ya no estarás en segundo plano, te encontrarás en ese lugar donde el amor propio no puede separarse del amor al otro. Y si lo hace, no es amor.

BIBLIOGRAFÍA

Ackerman, D. (2000). *Una historia natural del amor.* Barcelona: Anagrama.

Badiu, A. (2011). *Elogio al amor.* Barcelona: La esfera de los libros.

Bauman, Z. (2020). *Amor líquido.* México: Fondo de Cultura Económica.

Beauchaine, T. P., y Crowell, S. E. (20120). *The Oxford handbook of emotion dysregulation.* Oxford: Oxford Library of Psychology.

Besser, L. L. (2021). *The philosophy of happiness.* Nueva York: Routledge.

Bruckner, P. (2011). *La paradoja del amor.* Barcelona: Tusquets Editores.

Burns, D. D. (2009). *Sentirse bien en pareja.* Barcelona: Paidós.

Deetjens, M. (2015). *Dire basta allá dipendenza affettiva.* Italia: EDIZIONE IL PUNTO D'INCONTRO.

Dutton, G. G. (2007). *The abusive personality.* Nueva York: The Guilford Press.

Field, T. (2016). «Romantic love». *International Journal of Behavioral Research & Psychology,* vol. 4, págs. 185-190.

Grimaldi, P. (2019). *Ansia sociale. Clinica e terapia in una prospettiva cognitivista integrata.* Milán: Franco Angeli.

Gross, J. J. (2014). *Handbook of emotion regulation.* Nueva York: The Guilford Press.

Harvard Business Review (2019). *Saber escuchar.* Barcelona: Editorial Reverté.

Hirigoyen, M. (2016). *Las nuevas soledades.* Barcelona: Paidós.

Kantor, M. (2006). *The psychopathy of everyday life*. Nueva York: PRAE-GER.

Karandashev, V. (2015). «A Cultural Perspective on Romantic Love». *Online Readings in Psychology and Culture*, vol. 5, n.º 4.

Lancelin, A., y Lemonnier, M. (2013). *Los filósofos y el amor*. Buenos Aires: Editorial El Ateneo.

Mikulincer, M., y Shaver, P. R. (2007). *Attachment in adulthood*. Nueva York: The Guilford Press.

Nanetti, F. (2015). *La dipendenza affettiva*. Bolonia: Pendragon.

Ramón, F. S. (2017). *El buentrato*. Barcelona: Kairós.

Reinecke, L., y Oliver, B. M. (2017). *The Routledge handbook of media use and well-being*. Nueva York: Routledge Handbooks.

Riso, W. (2018). *El derecho a decir no*. México: Planeta.

Secci, E. M. (2019). *Los Narcisistas Perversos y las uniones imposibles*. Youcanprint.

Spinosa, B. (1995). *Ética*. Madrid: Alianza Editorial.

Strocchi, M. C., Raumer, S., y Segato, T. (2017). *Dependenza affettiva*. Italia: EDIZIONE IL PUNTO D'INCONTRO.

Walker, E. A. L. (2012). *El síndrome de la mujer maltratada*. Bilbao: DDB.

Wery von Limont, S. (2018). *La vita segreta dell'anima*. Milán: Mondadori.

Yela, C. (2000). *El amor desde la psicología social: ni tan libres, ni tan racionales*. Madrid: Ediciones Pirámide.

Zou, Z., Song, H., Zhang, Y., y Zhang, X. (2016). «Romantic Love vs. Drug Addiction May Inspire a New Treatment for Addiction». *Frontiers in Psychology*, vol. 7, págs. 1436-1449.